リーダーになって伸びる人、伸び悩む人

「この人なら、ついて行きたい!」と思われる3つのルール

延原典和
Nobuhara Norikazu

日本実業出版社

はじめに

・前から薄々感じていたけれど、どうも自分は部下から認められていないのでは？
・一生懸命、部下を指導しても、指示通りに動いてくれない……

このように、いつも自分の発言が部下の心に届いていないような気がするという方。
もしくは、

・現場での高い実績や能力を評価され、管理職に抜擢されたものの、うまく部下のやる気や能力を引き出せていない……
・営業成績はトップレベル。その好成績を買われて、マネージャーになったものの、なぜか管理職としては成果を出せていない……

このように、自分の実績には自信があっても、上に立つ立場になると、空回りしてしまう方。

この本を手にとってくださった方のなかには、このような経験をしたことがある方もいらっしゃるのではないでしょうか？　しかし、このような悩みを解決すべく、

・人材育成のスキルを習ったけど、なかなか現場で活かせない……

・本を読んでいろいろ勉強したけど、結局のところ何をやったらいいかわからない……

私は、ビジネスリーダーの方々を対象としたリーダーシップの研修をさせていただいていますが、このような声をお聞きすることがよくあります。

実は私も同じような気持ちを抱き、何度も苦しんだことがあります。私は、27歳で会社勤めを辞め、プロのアメリカンフットボールのコーチとして独立しました。コーチとしてアメリカンフットボールの技術論や戦略論には自信があり、選手も優秀でしたが、なかなか結果を出せませんでした。

なぜ、結果が出なかったのか？　それは、私がリーダーとして選手をうまくまとめることができず、選手のやる気や能力を引き出せなかったのが直接の原因でした。

はじめに

アメリカンフットボールのコーチという、自分が最も好きで、得意だと思っていた分野で、結果を出せないこと。これは正直こたえました。なぜなら、言い訳ができなければ、逃げ道もないからです。

たとえば、営業をやっていて結果を出せなかったとします。そのとき、公言するかしないかは別としても、「別に営業をやりたくてこの会社に入ったわけではない……」であるとか、「自分が本当にやりたいことは、営業ではなくて○○だから……」などといった言い訳ができ、逃げ道があります。しかし、当時の私には逃げ道がまったくなく、現実と向き合う以外に方法はありませんでした。

そこで、選手のやる気と能力を高め、チームとして結果を出すために、必死になって勉強し、現場で試行錯誤を繰り返しました。そうしているうちに、ある**3つのルール**（詳細を本書で述べていきます）を自分なりに発見し、「なんとかしたい」という気持ちに比例して、少しずつではありますが、成果もついてきました。

現在の私は、アメリカンフットボールのコーチと、研修の講師というスポーツとビジネス双方の領域において、**「人の成長に携わること」**をライフテーマとして活動をさせていただいています。

アメリカンフットボールのコーチとしてたどり着いた「選手のやる気と能力を高める3つのルール」を、セミナーや研修などを通してビジネスリーダーの方々に伝えさせていただいております。

ビジネスリーダーの方々がそれを実践することにより、大きく成長していくのを目の当たりにして、ビジネス、スポーツ関係なく、人材育成の基本的な考え方として有効であると確信しています。


人材育成については、とかく理想論で語られることが多いように感じています。実際の現場の状況を加味しないために、せっかく修得しても机上の空論となってしまい、現場で機能しないケースが少なからずあります。

この本では、ノウハウ本にありがちな小手先のテクニックではなく、スポーツとビジネスの現場で実践し、試行錯誤しながら培った、私なりの「考え方」や「方法論」を、私の実体験をもとに学術的な理論の背景も踏まえながらお伝えしていきます。

伸び悩んでいたリーダーとしての私の苦慮が、悩めるリーダーの同志の方々にとって、何らかのご参考になれば幸いです。

目次

CHAPTER 3

人は、相手が何を考えているかを無意識に感じ取るもの

～関係性はリーダーの「スタンス」で築かれる～

CHAPTER 4

人は、ノドが渇いていないと水を欲しない

～「スキル」は、土台ができて初めて活きる～

CHAPTER 5

人は、成長のサインをいつも送っている
～こんなときどうする？～

カバー・本文デザイン　井上新八
DTP　藤原政則（アイ・ハブ）

CHAPTER

1

リーダーになって伸ばす人、伸び悩む人

～メンバーの心を動かす３つのルール～

ボスからの突然のクビ宣告

「ノブはもう、うちのチームにいないほうがいいかもしれない」

突然のクビ宣告。

場所は成田空港のチェックインカウンター前。これからアメリカに渡り、アメリカンフットボールのコーチとして研修のために、３週間ほどアメリカに滞在する予定でした。しかし、まさにスーツケースを預けようとしていたタイミングで、私はクビを告げられたのです。

クビを宣告したのは、当時、私がコーチとして所属していたアメリカンフットボールのチーム、ＩＢＭビッグブルーのヘッドコーチだったディビッド。私の直属の上司にあたるアメリカ人コーチでした。

CHAPTER 1

リーダーになって伸ばす人、伸び悩む人
～メンバーの心を動かす3つのルール～

私がＩＢＭのコーチになったのは、成田空港でクビを告げられる3年前でした。当時のＩＢＭは、会社の協力体制が素晴らしく、大学時代に活躍した優秀な選手を優先的に社員として採用していただけではなく、専用の人工芝のグラウンド、クラブハウスやウェイトトレーニングルームなど、理想的な環境を用意していました。そして、ディビッドというバリバリのアメリカ人コーチをヘッドコーチとして招聘《しょうへい》してもいました。

これだけ会社が協力をしているのであれば、当然目指すは「日本一」。プロコーチとしての第一歩をＩＢＭで踏み出した私は、会社から言われなくても当然「日本一」を目指していました。

しかし、思ったように結果を出すことができないでいました。私がＩＢＭに来てから3年間、レギュラーシーズンでの勝利数はたったの2勝。日本一どころか、常に2部リーグ降格の危機に立たされていました。日本一を目指しているチームが、3年間でたったの2勝しかできないのであれば、当然現場の責任者であるコーチへの周囲からの風当たりは強くなっていきます。

3年目のシーズンが終わり、当時のヘッドコーチであったディビッドと翌年以降のプランについて話し合いました。そして来シーズンのためのアイディアをもらいに、アメリカ

に勉強に行きましょう、という話になったのです。その研修旅行にまさに旅立とうとしているその瞬間に、冒頭のクビ宣告を受けたのです。

私は何が起こったのか理解をするのに時間を要しました。なぜなら、つい1週間ほど前に、ディビッドから、「来シーズンも頼む、来シーズンこそは結果を出そう！」と言われ、固い握手を交わしたばかりだったからです。

私は混乱して頭の中の整理がつかない状態でしたが、なんとか平静を装いながら、

「ディビッド、いったい何があったの？」

と聞き返しました。

ディビッドの話によると、この1週間の間に、選手から直訴があったようです。

「ノブコーチとはやりたくない」

「ノブコーチでは日本一になれない」

「ノブコーチとアメフトをやっても楽しくない」

「だからコーチを替えてほしい」

ディビッドは続けて言いました。

「ノブはいいコーチだと思う。でも今のチームには合わない。だから来年はうちのチーム

にはいないほうがよいと思う」

私はディビッドの辛そうな表情に、彼のここ1週間の苦悩と覚悟を感じ取り、私も覚悟を決めました。そして1つだけお願いをしました。

「わかったよ、ディビッド。選手がそう言っているなら仕方ないね。でもアメリカンフットボールのコーチは僕にとってのライフワークだ。来シーズンはＩＢＭにいないとしても、どこかのチームでコーチを続けると思う。そのときのために勉強はしたい。だから、この研修旅行には連れて行ってもらえないか？」

当時のＩＢＭは、成果を出せていないチームに経費を掛けるわけにはいかないと、アメリカ研修の旅費はほとんど自己負担だったこともあり、ディビッドも断るに断れず、半ば強引にアメリカ研修に一緒に行くことになりました。

アメリカにはディビッドと私以外に2人のコーチが同行していました。会社からの金銭的な支援をほとんどもらえていない貧乏旅行だったので、田舎町のモーテルに一部屋に4人で雑魚寝《ざこね》をしていました。クビを宣告された上司と3週間寝食を共にするのは、自分でお願いしておきながら、正直苦痛でした。気持ちの整理をするために、1人になりたかったのですが、そうもいかず、時には1つのダブルベッドにディビッドと2人で寝ることもありました。

そのアメリカ滞在中にディビッドと2人で会話する機会がありました。そのときに私は、ディビッドに次のように伝えました。

「選手が僕のことをそう言っているのはわかった。僕も過去3年間、いい仕事ができたとは思っていないし、自分のやってきたことに責任をとる覚悟はある。でも、ディビッドは僕のことをどう思っているの？　僕はＩＢＭを日本一にできるヘッドコーチはディビッドしかいないと思っている。そのディビッドが日本一を獲るにあたって、僕のことを邪魔な存在だと考えるのであれば、僕はチームを去るよ。でも、ディビッドが少しでも僕のことを必要だと考えるのであれば、僕はチームに残りたい」

私は素直な気持ちを打ち明けました。するとディビッドは、「わかった。少し考えさせてくれ、日本に帰ったら連絡する」と言い残しました。

3週間のアメリカ研修を終え、日本に帰国し、ディビッドからの連絡を待ちました。そして、1カ月後に電話がありました。

「ＯＫ、ノブ、来シーズンも手伝ってくれ。ただし条件がある」

その条件とは、年棒が前年比3分の1への減俸、そして役割もディフェンスコーディネーターからオフェンスのアシスタントコーチへの格下げでした。

アメリカンフットボールは攻撃（オフェンス）のチームと守備（ディフェンス）のチームに選手もコーチも分かれており、ほとんどすべてのミーティングから練習まで、別々に行なっています。私はそのディフェンスのとりまとめ役として、ディフェンスコーディネーターという立場でしたが、オフェンスのアシスタントへの降格人事を言い渡されたのです。会社組織で言うならば、ずっと営業をやってきた営業部長が、まったく経験のない部署の主任になるようなものです。

条件は厳しく、金額的にも到底生活できるレベルではありませんでしたが、どのような条件でも引き受ける、と心に決めていたので、「ＯＫ、わかったよ」と、二つ返事で受諾しました。

コーチングとの出合いとその驚くべき効果

ＩＢＭでの４年目を迎えるにあたって、「なぜ、こんな状況になってしまったのか？」私は必死になって考えました。私はチームを勝たせるために、過去３年間全力でやってきました。しかし、あまりうまくやれていない自分がいることにも気がついていました。

そこで、何とかしようとさらにがんばると、空回りをして、さらに悪い状況を作ってしまうという、悪いスパイラルにはまってしまっているとも感じていました。

自分としては、どうにかしてこの状況を改善しなくてはいけないと考え、無我夢中で行動をしてきましたが、どのようにして抜け出せばいいか、わからない状態になっていました。

そんなときに、たまたま私の尊敬する方が、何の事情も知らないはずなのに、コーチングを勉強することを勧めてくれたのです。これまでに私は、コーチングに関する書籍を読んだことがあり、それでわかったつもりになっていたので、わざわざお金を払って勉強に行く必要性を感じていませんでした。しかし、自分が尊敬する方が勧めるのであれば、何かの役に立つかもしれないと考え、自分が困った状況に陥っていたこともあり、藁《わら》をもすがる思いで勉強を始めました。

コーチングを勉強して、一番の収穫は、自己理解が深まったことでした。簡単に言うと、自分の強みや弱みが明確になったことです。私のアメリカンフットボールのコーチとしての強みは、戦略論や戦術論に長けていることでした。あらためて考えても、私が今までにＩＢＭでとってきた戦略や戦術はそれほど悪いものではなかったと感じました。しかし、結果がついてきていない、つまり私の強みがＩＢＭに来てからは活きていなかったのです。

その原因は、コーチとして選手に戦略や戦術を遂行させる力が弱いのではないか、と考えました。実際に、私の考えた戦略や戦術をミーティングで選手に伝えたときに、口では「ハイ」と言ったとしても、ゲームではその指示を無視して、選手が好き勝手に動いてしまうことがよくありました。また、時には、公然と私の戦略や戦術を批判する選手もいました。

どんなにいい戦略や戦術を立てても、それを選手がフィールドで実践をしてくれなければ、机上の空論です。

選手が戦略や戦術をフィールドで実践してくれるようにするためには、選手の戦略や戦術に対する納得感を高める必要がある。私の弱みはここにあると感じました。私の考えた戦略や戦術を選手がゲームで遂行してくれるように、選手の納得感を高めるための選手との関わり方、いわば「コミュニケーションのスキルが未熟だったのではないか？」という結論にたどり着いたのです。

コーチングで学んだコミュニケーションのスキルは、私の弱みを補うのに大いに役立ちました。そして、オフェンスのアシスタントコーチとしての私のＩＢＭでの4年目のシーズンは、コーチングで学んだコミュニケーションのスキルを活用し、選手とコミュニケーションをこれまで以上に意識してとるようにしました。

その結果どうなったか？　過去3年間で2勝しかあげられなかったチームが、その年は1年で1敗しかしませんでした。当然、優勝争いもしました。得失点差などの関係もあり、プレーオフの進出は逃しましたが、当時のチームにとっては大躍進でした。

しかも、その大躍進の立役者は、オフェンスのアシスタントコーチとして、私が担当していた約10人の選手たちでした。彼らのうち2人が、シーズンの歴代記録を塗り替え、もう1人が歴代2位の記録を打ち立てるという快挙を成し遂げたのです。

自分の担当していた選手たちが活躍する姿を見ながら、私は**コーチングという「相手のなかにある答えを引き出す」スタイルのコミュニケーション**の効果を実感しました。もちろん、コーチングが直接的に選手の活躍に結びついたわけではありません。もともと能力は高いと言われていた選手たちでしたし、彼らの積年の努力が結実した結果であることは疑う余地はありません。しかし、その活躍を微力ながらサポートできたのではないか、とも感じています。

シーズン終了後には、ディビッドから、「今年はよくチームをまとめてくれた。来年はオフェンスの共同責任者としてやってほしい。年棒ももとのレベルに戻そうと考えている」とオファーをもらいました。

しかし、ありがたいお話でしたが、なぜか素直にそのオファーを受けられない自分がいました。理由は自分でもよくわかりませんでしたが、そのような精神状態で選手と向き合うことは選手に対して失礼だと考え、そのオファーを断り、チームを去ることにしました。

「あいつをクビにしろ」という選手の痛烈なひと言

ＩＢＭでのコーチを辞め、アメリカンフットボールの世界から身を引こうかと考えていたときに、偶然にも富士通株式会社の企業チームである、フロンティアーズからコーチをやらないかと声を掛けていただきました。

多少の迷いはあったものの、自分のような人間をコーチとして必要としてくれるチームがあり、ＩＢＭに対して辞意を伝えた直後という、絶妙のタイミングで声を掛けてくれたということに何かしらの縁を感じ、アメリカンフットボールのコーチとして再び活動することに決めました。

富士通では、ＩＢＭの成功体験をもとに、コーチングをベースとしたコミュニケーションで選手と接しようと考え、実践しました。チームの成績としては、1年目の春の関東社会人選手権パールボウルで優勝し、2年目には社会人選手権の決勝戦であるJapan X

Bowlに出場し、破れはしたものの準優勝という成績を収めました。チームとしての成績はまずまずでしたが、コーチとしての自分は、言葉ではうまく表わせないけれども、何だかしっくりこない感じがしていました。

当時の私の立場は、「ディフェンスのCo-コーディネーター（共同責任者）」という立場でした。私とコンビを組んでいた方は、富士通の正社員でありながら、アメリカンフットボール部の専属のコーチという立場でした。

しかし、私の2年目のシーズンが終わったタイミングで、その方が人事異動により、コーチングスタッフから外れ、翌年から私が1人でディフェンスのコーディネーターを努めることになったのです。周囲の目には、その方がクビになったと映ったようでした。

その噂を聞きつけた一部の選手から、こんな声が聞こえてきました。

「共同責任者であれば、共同責任をとるのが当たり前だろ。1人をクビにしたのであれば、延原もクビにしろ」

その声を聞いて、私はハッとしました。選手は、私のことをコーチとして認めていなかった。選手は私にコーチをしてほしいと思っていなかったのだ、と初めて気づいたのです。

そもそも、私がIBMでコーチをしていたときに、選手をうまくマネジメントできていなかったということは選手も知っているはずでした。悪い噂ほど早く広まるものです。そんな人間にコーチをしてもらいたいとは思わないのが、普通の感覚だと思います。

だから、私がいくらコーチング的なコミュニケーションをとっても、選手の可能性を引き出せていないのでは、という違和感がありました。何よりそれが自分がしっくりきていないと感じていた理由だったのだと、そのときにわかりました。

たしかに、コーチング的な関わり方として、選手が何かしらプレー上のミスをしたときに、「次に同じシーンがきたらどうする?」であるとか、「そのプレーをミスしたことに対してどのように思っている?」などと私が質問を投げ掛けても、答えづらそうにしているシーンがよくありました。時には選手から、「コーチングだか何だかわからないけれども、言いたいことがあるならハッキリ言ってほしい」と、面と向かって言われたこともありました。

いくらコーチング的なコミュニケーションをとっても、私という「認められていない」存在の人に対して、相手の心が開いていない以上、相手のなかにある答えを引き出せるはずがありません。 コーチングのコミュニケーションに違和感があったのは、そのような理由からだったと後から気づきました。

「何をするか？」ではなく、「誰がするか？」

これら一連の私の失敗体験から、リーダーがメンバーを育成するためには大きく分けて３つの要素が求められると考えています。

１つ目は、**「専門的な知識や技術」**です。私の立場で言えば、アメリカンフットボールに関する技術や戦術論、戦略論です。たとえば、ＩＴ業界の営業の方で言えば、ＩＴに関する知識や営業に関する技術です。メンバーに教えられることを持っていることは、リーダーとして当然、重要です。

２つ目の要素は、**「人材育成に関する知識や技術」**です。コーチングやティーチングといったコミュニケーションのスキルや、メンバーのやる気を引き出すモチベーションコントロールのスキルなどがこれにあたります。1つ目の「専門的な知識や技術」よりも重要だと考えています。それは、教えるものを持っていたとしても、**相手に伝わるように伝えられなければ**、それは宝の持ち腐れになってしまうからです。

そもそも、メンバーのやる気が下がっている状態では、何を教えてもメンバーが成長することはありえません。そのような意味では、「メンバーのやる気の引き出し方」を心得ていることは、リーダーとして大きな武器になります。

私は、アメリカンフットボールのコーチとして戦略や戦術に自信がありながら、結果を出すことができませんでした。それは、さきほどお伝えした通り、この「人材育成に関する知識や技術」が劣っていたためでした。

そして、3つ目は**「メンバーとの関係性」**です。3つの要素のなかで、これが一番大切だと考えています。それはなぜか？　次の3つの質問に答えてみてください。

①あなたが何かを教わったときに、同じことを教えられても、「素直に納得できる人」と「なぜか素直になれない人」がいませんか？

②あなたがほめられたときに、同じようにほめられても、「素直にうれしく感じる人」と「なぜかあんまりうれしく感じない人」はいませんか？
③明らかにあなたがよくないことをして叱られたとしても、「素直に反省できる人」と「なぜかあんまり素直に反省する気分になれない人」がいませんか？

いかがでしょうか？　過去に私の研修を受講した人に同様の質問をしたところ、①と③に関しては約9割の人が、②に関しても約6割の人が「ＹＥＳ」と回答しています。このことは何を示唆しているのでしょうか？　私は、次のように考えました。

「何をするか？」「何を言うか？」ではなく、「誰がするか？」「誰が言うか？」が人材育成の本質である。

なぜなら、「教える」「ほめる」「叱る」という人材育成のスキルを使っても、誰が使うかによって、受け手の受け取り方が異なるからです。

人を育てるとき、「何をすれば、何を言えばメンバーはやる気を出してくれるのか？」と、とかく「ＨＯＷ（どうするか？）」に目が行きがちです。しかし、人材育成の本質はそこにはありません。人材育成の本質は、「ＨＯＷ」ではなく「ＷＨＯ」、つまり「何をするか？」

「何を言うか」ではなく、「誰がするか？」「誰が言うか？」にあるのです。

メンバーのやる気や能力を引き出すためには、メンバーから「この人に認められたい」「この人に教えてもらいたい」「この人のもとで働きたい」と思ってもらうことが重要であり、そうでない人は、いくら人材育成のスキルを駆使しても、成果を手にすることは難しくなります。

さきほどお伝えした通り、私が富士通でコーチを始めた当初、コーチングのスキルを活用して選手と接していましたが、選手からの反発を招いた原因はここにあります。選手からコーチとして認められていない私が、小手先のスキルを使って関わった選手の本音は、「めんどくさい」「うざったい」というものだったと思います。そんなふうに思われているコーチが、選手のやる気や能力を引き出せるはずがありません。

つまり、**「メンバーにリーダーとして認められること」**が何よりも大切であり、そのような関係性の土台があって初めて、人材育成のスキルをより有効なものとすることができるのです。

アメフトが教えてくれた「人の動かし方」

アメリカンフットボールというスポーツは、本場アメリカでは、「ＮＦＬ」というアメリカンフットボールのプロリーグがあります。その決勝戦である「スーパーボウル」の視聴率が40％を超えることも珍しくない、アメリカの国民的スポーツとして知られています。日本での最初の公式戦は１９３４年（昭和９年）に開催したと言われ、それなりに歴史はあるものの、残念ながらまだまだマイナーなスポーツです。

アメリカンフットボールは、ヘルメットなどの防具を身につけ、ガツガツ当たり合いながら、ラグビーボールよりもひと回り小さいボールをパスしたり、走ったりしながら相手陣内に向かって進めていくスポーツです。ラグビーやサッカーと同様に、ゴール型のゲームであり、得点は、相手のゴール（エンドゾーン）にボールを持ち込めばタッチダウンとして6点が与えられ、キックをしてゴールポストの間を通過させれば3点が与えられます。

また、野球と同じように「間《ま》のスポーツ」とも言われています。野球は1球1球ごとにプレーが中断されます。その間《あいだ》に、ピッチャーは「どのような球種を、どのコースに投げようか？」考え、守備についている選手はポジションを見直したりします。対するバッターも「次はどんな球を投げてくるのか？」考え、ベンチも「普通に打たせるのか？」「バントをさせるのか？」「盗塁を試みるか？」などと、1球1球の「間《ま》」にさまざまな作戦を考えます。

アメリカンフットボールを見ていると、「すぐにプレーが止まってしまい、つまらない」という声を聞くことがありますが、魅力は実はここにあります。パスが失敗したり、ボールを持っている人がタックルされたりするとプレーが止まりますが、次のプレーが始まるまでの間《あいだ》に、両チームの選手やコーチはさまざまなことを考え、コーチから選手にサインが伝達されています。

テレビでアメリカンフットボールを観戦しているアメリカの家庭では、「次はパスだろ」「いや、ここは裏をかいてランプレーだ」などと、家族や友人と一緒にそれぞれがヘッドコーチになった気分で、次のプレーを予想しながら楽しんでいます。日本の家庭でも、お父さんがビールを飲みながら、「次はインハイにストレートだな」とか、「ここは確実にバントをしてランナーをセカンドに進めたほうがいいな」などと、次の展開を予想しながら野球のナイター中継を楽しんでいるのと同じようなシーンが見掛けられます。

一見すると、「ルールが難しそうだ」とアメリカンフットボールに対して感じるかもしれませんが、日本人は野球や将棋など、「間」を好む傾向があり、この気質に合ったスポーツであると思います。連続性のスポーツの代表としてサッカーがありますが、国際的に見てセットプレーが得意という辺りにも日本人特有の気質が感じられます。

また、アメリカンフットボールはビジネスとの共通項も多くあり、アメリカでは、ビジネスのケーススタディのモデルとして用いられることがよくあります。それは、アメリカンフットボールというスポーツのゲームの勝敗を左右する要素として、「組織力」や「戦略論」「戦術論」がほかのスポーツと比較して高いウェイトを占めることが理由として挙げられます。オフェンス（攻撃）のチームとディフェンス（守備）のチームに、選手もコーチも分かれており、ミーティングから練習まで、ほとんどがオフェンスチームとディフェンスチームに分かれて行ないます。

また、選手にしてもコーチにしても、**細かな役割分担が決まっており、高い専門性が求められます**。アメリカンフットボールの組織を大まかに表現すると、次ページの図のよう

アメリカンフットボールの組織図

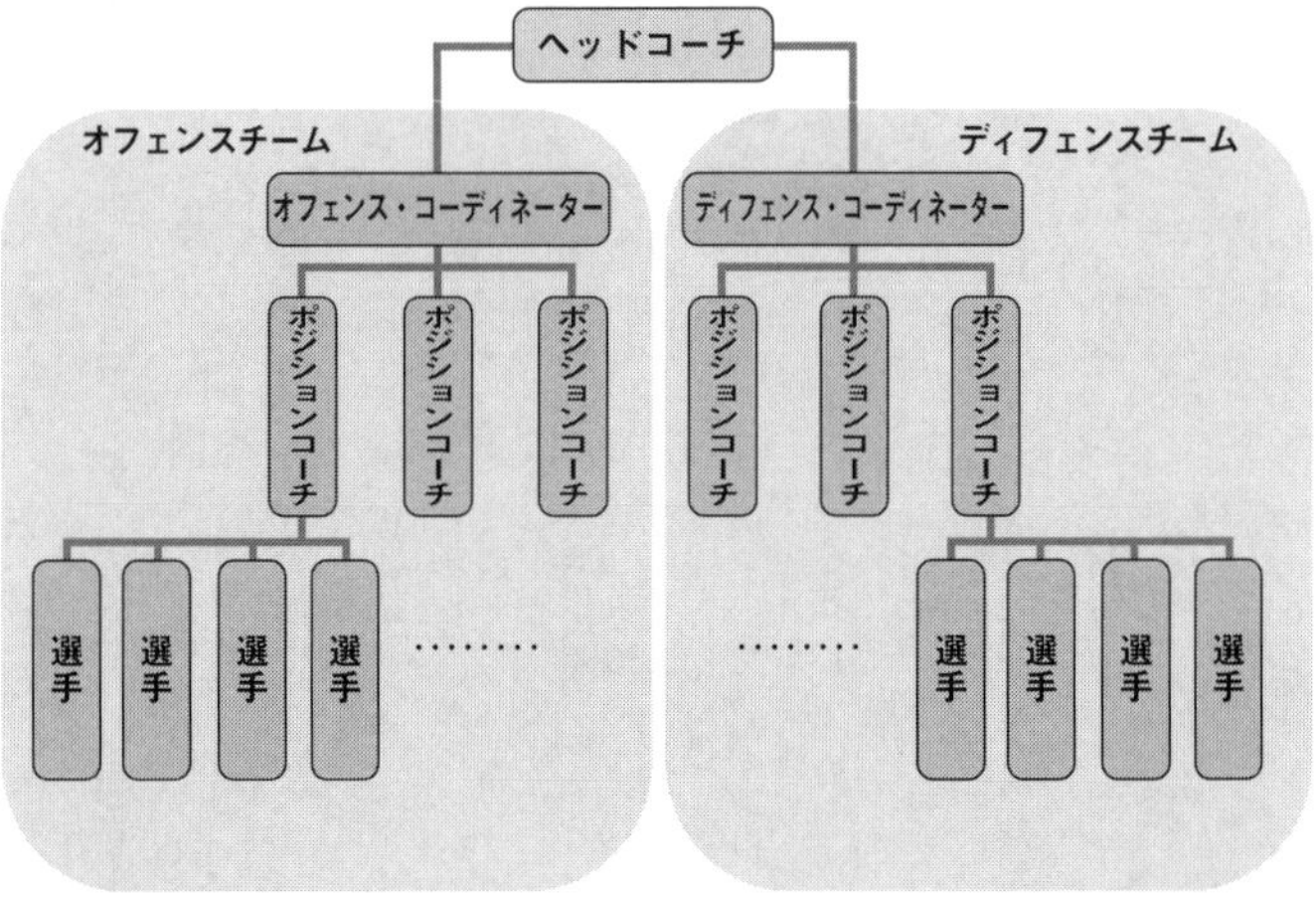

になっており、会社の組織との類似性を感じていただけると思います。ビジネスで言うところの組織を横断したプロジェクトチームのようなものも存在し、チームの浮沈を握る大きな鍵を握っています。

組織図で表わすとこのような形になりますが、ゲームの詳細を大きく左右する、戦略や戦術の立て方、落とし込み方にはチームによってさまざまな形をとっています。そこがチームとしての特徴がよく表われる部分です。

大まかに言うと、**「トップダウンで落とし込むのか？」「ボトムアップで現場の意見を吸い上げるのか？」**。もしくは**「その両方の要素を組み込むのか？」**ということが選択肢として挙げられます。

優勝したチームの勝利の要因を、この組織論で深堀りしていくことにより、ビジネスにおける組織論、リーダーシップ論やフォロワーシップ論として参考になることが数多くあります。

私はアメリカンフットボールのコーチとして、そしてビジネスの研修講師として、スポーツとビジネス双方の領域で活動していますが、それぞれから学ぶことが数多くあります。ビジネスで学んだことを自分自身のアメリカンフットボールのコーチングに活かしていくことはもちろんのこと、アメリカンフットボールで学んだことをビジネスの現場に伝えることにより、スポーツの教育的価値を少しでも感じていただければとも考えています。

「名プレーヤー」が必ずしも「名コーチ」になれない理由

リーダーについてこれからお話ししていくうえで、**「名選手、名監督ならず」**と、よく言われていますが、ここでそのことについて少し考えてみたいと思います。

スポーツの世界では、選手時代の高い実績を買われて指導者になるケースが往々にしてありますが、指導者になってからは実績をあげられていない方々も少なからず存在します。ビジネスの世界でも、現場での高い実績を評価され、リーダーやマネジャーに昇進したものの、成果をあげられずに苦しんでいる方々が数多くいらっしゃいます。

なぜ、そのような現象が起きてしまっているのでしょうか？　それは、**「プレーヤーに求められる資質」と「リーダーに求められる資質」がそもそも異なるからです。**左の図は、「関係性」という土台があって、「人材育成の知識や技術」が活かされる。「人材育成の知識や技術」という土台があって、初めてリーダーの持っている「専門的な知識や技術」を人材

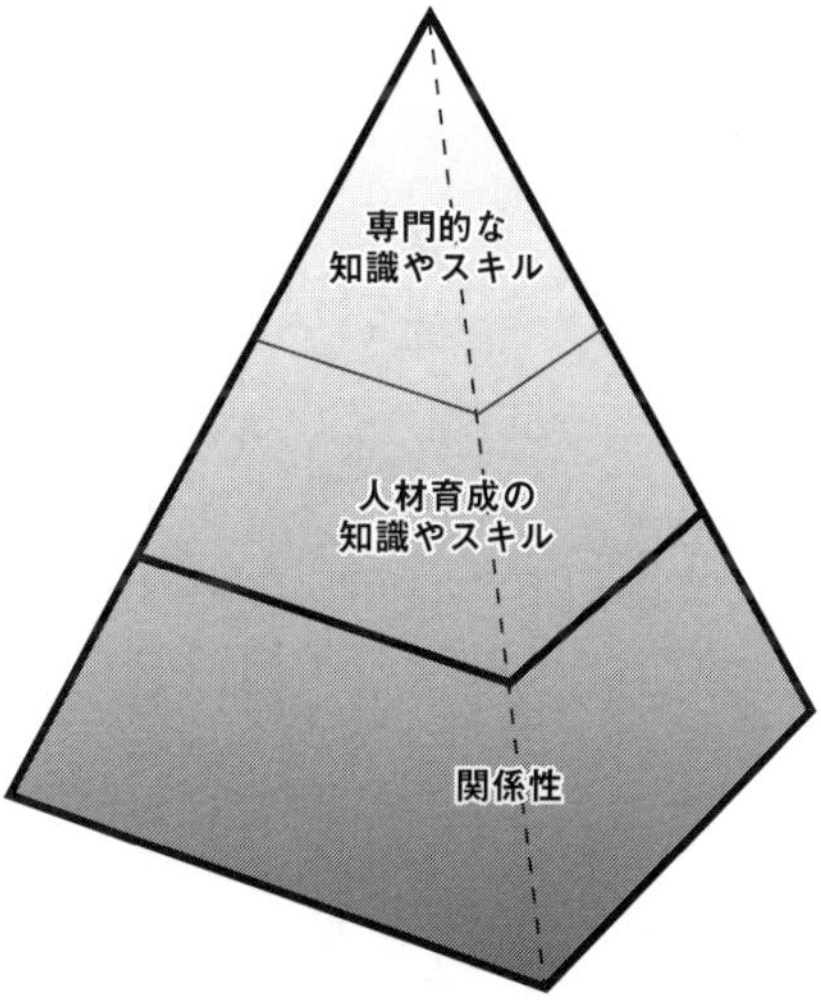

育成に活かすことができる、というリーダーがメンバーを育成するために求められる３つのルールを図式化したものです。

プレーヤーが現場で成果をあげるためには、三角形の頂点にある「専門的な知識や技術」が必要です。しかも自分の強みを活かすことができ、自分の弱みを隠すことができる、つまり自分に合った「専門的な知識や技術」があれば名プレーヤーになれたのです。

リーダーとして成果をあげるためには、まず「関係性」という土台が必要です。多くのメンバーは、「名プレーヤーであった○○さんに教えてもらいたい」という、実績に裏づけられた関係性が構築できているケースが多いので、ここが問題になることはあまりありません。

問題となるのは「人材育成の知識や技術」です。これがないと、リーダー自身が持っている「専門的な知識や技術」をメンバーに伝えることができないのです。また、**多くの名プレーヤーは、自分のやってきたことに自信を持っているので、自分の持っている技術や知識を教えることに固執する傾向があります。**

しかし、プレーヤーとして実績をあげてきた「知識や技術」は、そもそも「自分自身がプレーヤーとしての強みを活かすことができ、弱みを隠すことができる」、つまり自分に合った「専門的な知識や技術」であったはずです。

それが、たまたまメンバーの特性に合っているのであれば、メンバーは成果を出せるようになりますが、メンバーの特性に合っていない場合には、メンバーの可能性を狭めてしまう危険性すらあります。人にはそれぞれ強みや弱みがあり、それぞれの人に合った成果の出し方があるはずです。

また、**人が成長するためには、「人に教えてもらうこと」「自ら気がつくこと」「経験から体得すること」というそれぞれ異なる3つのプロセスがある**と私は考えています（詳しくは、CHAPTER4にて解説していきます）。名プレーヤーの多くは、「教える」アプローチが主流になり、ほかの2つのプロセスが希薄になってしまうことがあります。リーダーには、それぞれの人に合った成果の出し方を推察し、それに合った成長のプロセスを踏ませることが求められるのです。

ただし、「名選手、名監督ならず」、という格言を見事に打ち破った最近の指導者として、プロ野球、中日ドラゴンズの落合元監督がいらっしゃいます。落合元監督は、現役時代は打者部門の3冠王（打率、打点、本塁打）を三度も獲得するなど、天才打者として誰もが認める名選手でした。現役引退後は、２００4年から中日ドラゴンズの監督に就任し、常にAクラス（セントラルリーグのシーズン成績で3位以内）に居続け、四度のリーグ優勝と一度の日本一を獲得するなど、監督としても成績を残し続けています。

なぜ、「名プレーヤー」でありながら「名監督」になれたのか？　その答えを、落合元監督のインタビューから垣間見ることができます。

「俺の技術を誰がまねできるの？　それを選手に要求してはいけない。なんでこんなことができないんだ？　ではなく、できないから練習する、できないから手助けする。やれることをちゃんとやってくれればいい。選手はやれないことをやろうとするから空回りする」

多くの場合、プレーヤーとして実績をあげた人が指導者になると、選手がなかなか成長しない姿を見て、「なんでこんな簡単なことができないんだ?」という気持ちになってしまうことが多いように思います。しかし、落合元監督は、自分が実績をあげてきた技術が、必ずしも選手の助けになるわけでないことを理解していました。また、こうも話していました。

「その選手にとってプラスになるのか? マイナスになるのか? 自分の感情だけで絶対に選手に話をしてはいけない」

「名プレーヤー」は、自らの経験から得た「専門的な知識や技術」という絶対的なコーチとしての強みを持っています。その強みを人材育成に活かすためには、正しい「人材育成の知識や技術」を身につけることが必要であり、そうすることにより「名コーチ」になる可能性が飛躍的に高まるはずです。

実績のないプレーヤーが「名コーチ」になるためには？

では逆に、プレーヤーとしての実績があまりないけれど、名コーチになるにはどうしたらよいでしょうか？

スポーツの世界では、プレーヤーとしての実績があまりなくても指導者として活躍しているケースは数多くあります。野茂投手やイチロー選手を育てた仰木彬元監督、千葉ロッテマリーンズのボビー・バレンタイン元監督（現大リーグのレッドソックス監督）、マイケル・ジョーダンやコービー・ブライアントを育てたＮＢＡのフィル・ジャクソン氏、プロサッカー選手としての経験がなくインテルを史上初の三冠に導いたジョゼ・モウリーニョ氏などがそうです。

なぜ、彼らは選手としての実績がそれほどないにもかかわらず、リーダーとして成果をあげることができたのでしょうか？　ここもさきほどの「名プレーヤー」の話と同様です。

プレーヤーに求められる資質とリーダーに求められる資質がそもそも異なるからです。彼らが先天的に持っていたか、後天的に獲得したかは別にして、**「人材育成の知識や技術」に長けている**ことは間違いありません。

一方で、自分が結果を出すための「専門的な知識や技術」は欠けていたかもしれません。しかし、リーダーに必要なのは「自分が結果を出すため」の知識や技術ではなく、「メンバーが結果を出すため」の知識や技術です。メンバーにはそれぞれ個性がありますから、その個性に合った専門的な知識や技術を伝えるためには、数多くの選択肢を持っておく必要があるのです。

実は私自身も、プレーヤーとしての実績がないコーチの1人です。法政大学第二高等学校（法政二高）に入学し、アメリカンフットボールに出合いました。法政大学進学と同時に後輩たちを指導するために、法政二高のコーチに就任し、その後はコーチとしての道を歩んできました。つまり、私のプレーヤーとしての実績は高校3年間だけしかなく、現在指導している社会人の選手は、ほぼ全員私よりもプレーヤーとしての実績を残してきている選手ばかりです。

そのような選手の成長をサポートするために、私はプレーヤーとして結果を出している人の話を聞いたり、実績のある指導者の話を聞いたりして、「プレーヤーが結果を出すための専門的な知識や技術」の幅を広げることを意識しています。

また、自分がプレーヤーとして結果を出していないということは、たしかにリーダーとしての弱みかもしれませんが、その分、**手法論に対するこだわりがなく、プレーヤーの個性を尊重できるということが強みとなる**可能性があります。

仰木元監督が、野茂投手のトルネード投法や、イチロー選手の振り子打法といった、個性を尊重し、結果として大選手に育て上げたのは典型的な事例です。野茂投手のトルネード投法について、近鉄バファローズ入団時には「盗塁をされてしまう」などといった否定的な見方が大勢を占めるなか、仰木元監督はその独特な投球フォームを受け容れ、球界を代表する投手に育てた話はあまりにも有名です。

仰木元監督の指導がたまたまではないこととして、その後、仰木元監督が退団した後、現役時代に３１７勝もしている大投手、鈴木啓示氏が監督に就任した際には、コントロールが定まらないことを理由に、野茂投手のフォームを無理矢理、改造しようとしたとされています。結果として、野茂投手が近鉄バファローズを退団し、メジャーリーグへ行くきっかけとなったことは、示唆に富んだ事象であると感じています。

また、実績のないプレーヤーがチームをマネジメントするにあたって、チームのスター選手をどうマネジメントするかが、大きな壁になることがよくあります。スター軍団のヘッドコーチとしてチームをまとめあげ、勝利に導いた好例として、ＮＢＡシカゴ・ブルズ時代のフィル・ジャクソン氏が挙げられます。マイケル・ジョーダンやスコッティ・ピッペンといったスター軍団を擁しながら優勝できなかったチームのヘッドコーチに就任し、自己顕示欲の強い選手たちをまとめあげ、二度の３連覇を成し遂げたのは有名な話です。

しかし、彼がシカゴ・ブルズのコーチになる前に、４年間ほどマイナーリーグでコーチをしており、その時代にチームの中心選手のマネジメントに関して、試行錯誤を繰り返していたことはあまり知られていません。

フィル・ジャクソン氏は、マイナーリーグ時代に試行錯誤を繰り返した結果、禅の考え方をベースとした「無私」のチームワークという考え方にたどり着きます。彼は、著書『シカゴ・ブルズ　勝利への意識革命』（ＰＨＰ研究所）のなかで、「私心をなくして競技する態度」が重要であるとし、次のように述べています。

「優勝したシカゴ・ブルズほど、無私がチームワークの真髄だということをよく理解したチームはなかった。従来、このチームは、マイケル・ジョーダンとジョーダンの取り巻きからなるワンマンショーだと思われていた。しかし、ブルズが一九九一年から九三年まで三年続けてＮＢＡのチャンピオンに輝いた本当の理由は、チームのメンバーが、一人の人間の力ではなく、一つにまとまることの力のほうを信じて努力を重ね、チームを分裂させる自己中心的な気持ちを克服したことにある（事実、この自己中心的な気持ちのせいで、ブルズ以上に恵まれていながら力を削《そ》がれてしまったチームもある）」

また、こうも述べています。

「心を広くして、チームとしてすべきことが個人の栄光に優先し、成功は、目覚め、意識し、他者と協力してはじめて達成されるものだという考えを持たなくてはならない」

彼は、禅のほかに、キリスト教、仏教、アメリカインディアンのスー族の教えなど精神世界に対する造詣が深く、その知識をチームマネジメントに活かして成功を収めました。

選手としての実績はそれほどないにもかかわらず、チームマネジメントに長けた指導者として、サッカーのレアル・マドリードの監督である、ジョゼ・モウリーニョ氏も忘れてはなりません。彼はサッカー選手としてのプロとしてのキャリアがないけれども、インテルをイタリア史上初の三冠に導くなど、名将としての地位を確固たるものとしています。

彼は雑誌『Number　７６３号』のインタビューのなかで、次のように述べています。

「私の強みはチームの組織を作ることであり、戦術の徹底だ。（中略）テクニックだけでは試合に勝つことはできない」

プレーヤーとしての実績があまりないフィル・ジャクソン氏とジョゼ・モウリーニョ氏が、**「チームの組織作り」**を同じように強調している点は、非常に興味深く感じています。

また、ジョゼ・モウリーニョ氏が「戦術の徹底」を強みとしているのと同じように、フィル・ジャクソン氏も「トライアングル・オフェンス」という画期的な戦略をチームに導入し、成功に導いたという共通点も見逃せません。チームの組織作りの方向性と、チームとして採用する戦略と戦術の深い関連性を感じざるをえません。

リーダーシップを発揮しようとすると、チームの先頭に立ってメンバーを引っ張っていくリーダーをイメージする方が多いように感じます。サッカーFCバルセロナの監督で、就任1年目からリーガ、CL、国王杯の三冠を獲得し、2011年には、UEFAスーパカップを制した、ジョセップ・グアルディオラ氏や、早稲田大学ラグビー部を就任5年間で三度の大学選手権優勝に導いた清宮克幸元監督など、プレーヤー時代から主将としてチームを引っ張り、強力なリーダーシップを発揮している特別なリーダーがいることも事実です。

しかし、彼らはあくまでも「特別」なリーダーです。

リーダーシップについて考えるときに、メディアの影響なども受けて、どうしてもカリスマ的なリーダーをイメージすることが多いように感じます。それゆえ、ビジネスの世界を見てみても、あまり現場の経験のない部署の管理職になり、優秀な部下に対してどのようにリーダーシップを発揮したらよいか、とまどっている方を見掛けることがあります。

そもそも、『課長の教科書』などをはじめ、ミドル層のリーダーシップに深い考察を残されている酒井穣氏は著書『リーダーシップでいちばん大切なこと』（日本能率協会マネジメントセンター）のなかでこうおっしゃっています。

「カリスマを示したいなら、自らの行動に「強さ」と「怖さ」を与えてやればよい」

清宮氏の後に、早稲田大学ラグビー部の監督に就任した中竹竜二氏は、著書『人を育てる期待のかけ方』（ディスカヴァー・トゥエンティワン）のなかで、カリスマ監督として知られる清宮氏の後を引き継いだ葛藤を次のように著してします。

「私は10年ラグビーから離れていた、いわば『シロウト』同然の監督でした。清宮監督のような的確なアドバイスが、そう簡単にできるわけがありません。私は迷い続けました。どうしたら彼ら（選手たち）の期待に応えることができるだろうか、と」

そして、悩んだ結果たどり着いたのは、こうでした。

「私の現役時代、つまり早稲田大学ラグビー蹴球部のキャプテンを務めていたときには既に、チームのメンバー全員の自律性を重んじ、それぞれがそれぞれのスタイルを発揮することによって勝利に近づく、というスタイルを取っていました。私の鶴の一声で何かが決まる、というチーム作りではなかったのです」

前監督である清宮氏との比較のなかで忘れていた、自分らしいスタイルを思い出し、中竹氏としてのチームのマネジメントスタイルを選手に伝えたそうです。

「選手それぞれのスタイルを重視し、自律性を重んじること。自分たちで勝ってほしいこと。私に期待するな」

中竹氏は、このような自分なりのリーダーシップのスタイルで、大学選手権2連覇を達成しています。

リーダーシップの発揮のしかたには、先頭に立ってメンバーを引っ張るやり方以外にも、中竹氏のように、メンバーの自律性を重んじるやり方もあります。

リーダーシップを山登りにたとえるならば、**集団の先頭に立って引っ張っていくスタイル**もあれば、**リーダーがメンバーと一緒に横一列になって手をつないで進むスタイル**もあります。逆に**リーダー自身が集団の一番後ろからメンバー全員を見渡しながら発揮するスタイル**もあります。

リーダーシップには正解はありません。リーダー自身の特性を活かした、それぞれのスタイルが存在するだけです。プレーヤーとしての実績の有無にかかわらず、**その人なりのスタイルを構築すること**が大切であり、このようなスポーツの指導者の事例は、スタイルを構築するにあたって大きなヒントとなるのではないでしょうか。

CHAPTER1のまとめ

リーダーになって伸び悩む人

- プレーヤーとしての実績にとらわれている
- メンバーの能力を引き出すために「何をすれば？」「どうすれば？」にこだわっている
- 指導する際、自分の持っている技術や知識に固執する
- 周囲のリーダーと自分を比較して、理想像ばかり追い求める

リーダーになって伸びる人

- リーダーとして失敗を経験している
- メンバーの能力を引き出すために「誰がするか？」「誰が言うか？」にこだわっている
- 指導する際、手法論に対するこだわりがない
- 自分の特性を把握し、自分に合ったリーダーシップのスタイルを知っている

CHAPTER

2

人は、危機感を煽《あお》ってもそのときしか動いてくれない

～チームの成果は「関係性」によって最大化される～

どうして、どんなに素晴らしいことを言っても、動いてくれないのか？

「あなたのメンバーは、なぜあなたの話に耳を傾けるのですか？」

私が主催しているリーダーシップ研修では、時折このような質問をビジネスリーダーの方々に投げ掛けます。そこから出てくる答えはさまざまです。

「上司だから」「評価者だから」「話を聞かないと怒られるから」「査定に影響が出るから」であったり、「信頼関係があるから」「人間関係ができているから」「仕事の助けになるような話をするから」であったりと、千差万別の回答が返ってきます。しかし、私は大きく2つの理由に分けられると考えています。

1つは**「立場」**。もう1つは**「関係性」**です。ここで言う「立場」とは、「上司」や「部下」といった、組織内で定義づけられた立ち位置のことを指しています。「関係性」とは、組織内の役職や役割とは関係なく、個人と個人の関係性のことを指しています。信頼関係をベースとした、組織内の立場を超えた人間関係と言ってもいいかもしれません。

「上司だから」「評価者だから」や「話を聞かないと怒られるから」などという「立場」が理由となっている場合には、話を聞くことを「義務」と感じている可能性が高いのです。裏を返せば、「可能であれば話は聞きたくない」ということにもなりかねません。そのような状態では、どんなに素晴らしい話をしても意味がなく、組織としても個人としても成果を出すことが難しくなります。

私もコーチをしていて、まさにこのような状態に陥ったことがあります。選手は選手としての役割意識があったので、「しょうがなく」コーチとしての私の指示や命令を「うわべ」だけで聞いていたと思います。

その証拠に、ミーティングやグラウンドで私が指示をしたことに対して、口では「ハイ」と言っていましたが、それが実際に行動に表われることはまれでした。時には行動に表われることもありましたが、選手が「本気」でその行動をとっているわけではなく、「義務感」からとっている行動でしたから、それが成果に結びつくことはありませんでした。

たとえば、「日本一になるために、フィジカル（筋力や体力）面をもっと伸ばす必要がある。だから個人で時間を作って、ウェイトトレーニングをしよう」と働き掛けても、限られた選手しかウェイトトレーニングをしませんでした（おそらく限られた選手である彼らは、私が働き掛けなくてもやっていたと思います）。時には、ウェイトトレーニングをほとんどしなかった選手がやっている姿を見掛けることもありましたが、私に言われて嫌々やっているだけでしたから、数値的な向上はほとんど見られませんでした。

また、ゲームの土壇場では、選手が戦略や戦術を無視して好き勝手な動きをしてしまい、その結果として負けてしまうこともありました。ゲームの土壇場という、緊迫した状況に立たされたときに私を信頼していれば、結果はどうであれ、指示には従ってくれたはずです。しかし、そのような状況で指示を無視して好き勝手に動いてしまうということは、私が選手の信頼を得られておらず、選手が私に「やらされていた」ことが原因でした。

ビジネスの現場においても同じようなことが起こっていないでしょうか？　大学卒業後、就職した会社で私が営業マンをしていたときに、私の面倒を見てくれていた先輩がいます。仮にAさんとしましょう。Aさんが新規の取引を目指して戦略的にアプローチしていたある大手企業がありました。

Aさんはその企業に対しては、目先の売上にこだわらず、長期的な関係を築くことを目指していました。いい感じで商談が進み、あともう少しで新規の取引ができそうだ、となったときに、営業会議の席でAさんの上司であるマネジャーから、

「今期の売上が厳しい。Aさんがアプローチしているあの大手企業、いい感じで商談が進んでいるんだよね？　なんとかして今期の売上にねじ込んでくれ」

という指示が出ました。すると、Aさんは案の定、こう答えました。

「あの企業とは、長期的にお付き合いができることを目指しています。ですから、目先の売上にこだわりたくはありません」

Aさんは、決してマネジャーに逆らったつもりではないと思います。しかし、マネジャーも引きません。

「そうは言っても、もう少しで取引できそうなんだろ？　今期の売上が厳しいからもう少しプッシュして、今期中に計上できるようにしてくれ」

何度かこのようなやりとりがあり、営業会議の雰囲気もどんどん悪くなったところで、結局Aさんが折れて「わかりました」となりました。

営業会議の後に、私はAさんに、「本当にいいんですか？　Aさんの考えていた戦略と真逆の方向に進みそうですが……」とお聞きしました。

「しようがないじゃん。上司がああ言っているんだから……」

Aさんは、明らかに気が進まない表情でその大手企業に連絡を入れていました。

その結果どうなったか？　なんとか売上を期末にねじ込むことはできましたが、その企業とは長期的にお付き合いをすることができず、その1回の取引で終わってしまいました。

当時の私は、まだ新人でしたから「今期の売上が厳しいから何とかねじ込む」という手段が最終的に、そして会社という組織から見て全体的に正しいかどうかはわかりませんでした。しかし、Aさんが「自ら進んで」やっていた大手企業へのアプローチが、マネジャーのひと言で、やりたくないけど無理矢理「やらされている」仕事へと、変化したことは明らかでした。「期末までに売上を上げる」という同じ手段をとったとしても、「上司があぁ言うから」という理由で戦略を変更したのではなく、上司からの依頼を受けて「自ら進んで」戦略を変更したのであれば、結果は変わっていたかもしれません。

組織としても個人としても結果を出すためには、現場の人間自らが本気になって取り組むこと。つまり、**「やらされる」のではなく、自ら「やる」意識**が大切です。そのような意味でも、「立場」ではメンバーを本気にさせることができず、「立場」を利用したマネジメントでは、組織として成果を出すのが難しくなるということは明らかです。

上司を尊敬している部下は1%以下!?

「あなたが尊敬する人を1人だけ思い浮かべてください。そして、その人を尊敬する理由を教えてください」

同じく私が主催しているリーダーシップ研修で、このような質問をすることがあります。両親、学生時代の先生や先輩、クラブ活動のコーチや監督、会社の上司や先輩など、さまざまな答えが出てきます。そして、尊敬する理由もさまざまです。この質問から気づいていただきたいことは、その人を尊敬している理由は先述した通り、やはり「立場」ではなく、「関係性」にあるということです。

たとえば、私が尊敬している方の1人に、昔の会社の上司がいます。その方を尊敬している理由は、「私の上司だったから」ではもちろんありません。昔の会社の上司はほかにもいましたが、大変申し訳ありませんが、尊敬するとまでは思えなかった方もいます。

そして、私の上司ではない今でも尊敬し、目標とし、その方に認められるような人間になりたいと感じています。1年に1回あるかないかの頻度ですが、お酒の席でご一緒させていただく機会があります。そのときは、その方の一言一句を逃さないように、必死に話を聞き、メモをとることがしばしばあります。

ＡＩＢＯの開発者としても知られ、ソニーの元上席常務である天外伺朗《てんげしろう》氏が、著書『マネジメント革命』（講談社）のなかで、「およそ組織で何年か働いた経験がある人なら、直属の上司を想い出すたびに、特別な感情が湧いてくることだろう。懐かしさや感謝の念と共に想い出す上司もまれにはいるだろうが、辛口の評価になる方が圧倒的に多いはずだ」としています。

また、天外氏は同著で高名な経営学者である東大教授の高橋伸夫氏の「二〇年もその会社にいて、『この人のためなら……』という直属の上司にひとりでもめぐりあっている人は、幸せというほかない」という言葉を引用しながら、

「二〇年でひとりの優れた上司にめぐりあった幸運な人は、当然のことながら、それ以外の何人かのダメ上司を経験しているはずだ。そういう幸運な人が、仮に二〇人に一人いるかいないかとしよう。二〇年間で経験する上司の数を、平均六人と仮定すると、優れた上

司ひとりに対して、ダメ上司は一一九人いることになる。

この数字にさしたる根拠がある訳ではないが、優れた上司の存在確率が一％以下だということは、私の実感によく合っている」と、おっしゃっています。

この話のポイントは高橋教授の言う「直属の上司」にあると考えています。実際、「あなたが尊敬する人は？」と研修の場で質問を投げ掛けても、直属の上司が尊敬の対象になることはあまりありません。私の尊敬する方として昔の会社の上司を挙げましたが、その方は実は私の直属の上司ではなく、組織で言うと3階層ほど上の役員の方でした。

この質問をさきほどの、「あなたのメンバーは、なぜあなたの話に耳を傾けてくれるのですか？　その理由は？」という質問とセットで投げ掛けると、自分の直属のメンバーが自分に感じている関係性と、自分が尊敬している方に感じている関係性の間にギャップを感じられる方が少なくありません。

実際に、私も自分が尊敬している方に対する関係性と比較すると、直属の選手が私に抱いているであろう関係性は、明らかにもろいと感じてしまいます。

直属の上司と部下の間には、利害関係が存在します。目標を設定し、その目標に対する到達度合いを査定し、その評価がボーナスや給料に反映されるという金銭的な利害もあれば、仕事の内容や異動といった部分での利害も存在します。上司の立場にしてみれば、部下の働き度合いが自分の給料や昇進に跳ね返ってくるという利害も存在しています。

アメリカンフットボールのコーチという私の立場だと、私の直属の選手は、試合に出るか出ないかの利害を私が握っていると感じてしまう選手がいてもおかしくありません。

この利害関係が、直属の上司と部下の関係性を難しくしていることも事実だと考えています。行動心理学によると、人はメリットを感じる方向に進むとされています。つまり、「自分を高く評価してくれる＝給料が上がる」などという**メリットを提供してくれる人には好意を抱く傾向がありますが、自分にデメリットをもたらす存在の人を遠ざける傾向にあります。**

しかし、だからといって、リーダーがメンバーにメリットばかりは提供できない環境が現実問題として立ちはだかります。そのような逆風が吹くなかでも、リーダーはメンバーと関係性を築くことが求められ、かつその成功率は天外氏によると「1％以下」という、非常に難易度が高く、タフな役割です。しかし、それがリーダーの仕事なのです。

関係性は相手目線になって築かれる

先日、私は研修講師としてのトレーニングを受けているときに、そのトレーニングを主催している研修会社の社長から、「自分が苦手だと感じていなくても、ラポールを築けていない人は？」と質問をされました。

ラポールとは、もともとは臨床心理学の用語で、「心の架け橋」という意味があります。つまり、「自分では関係性が築けていると感じているのに、相手から見たら関係性が築けていないケースはどんなとき？」というものです。

みなさんはどんなケースが思い当たるでしょうか？　私は、すぐには答えが浮かんできませんでしたが、時間を掛けて何人か思い浮かべて分析したところ、ある共通項を導き出すことができました。

それは、「ある程度、長期的なお付き合いがあり、かつ自分が権威的な立場にある人」

でした。「ある程度の長期的なお付き合い」とは、知り合って間もなければ、関係性が築けていないのは当たり前なので、ある程度、長期にわたって関わってきたことにより、関係性が構築できていると安心し、甘えてしまっているケースです。「権威的な立場」とは、組織で言うと自分が上司にあたるケースが代表的な例です。

「自分が大丈夫だと思っていても、相手から見たら関係性が築けていない代表例は、自分の部下や自分の妻です。延原さん、大丈夫ですか？」と、その社長に言われ、思い当たる節があり、ドキッとしました。


私が信頼を寄せているある選手がいました。仮にB選手とします。彼は才能あふれる選手でありながら、努力することが苦手で、自分の才能をプレーに活かしきれないでいました。彼は私にいろいろと相談を持ち掛けていましたし、プライベートでも2人で飲み行くなどしていたこともあり、私は関係性が築けていると感じていました。

しかし、あるとき、ほかのコーチから、アドバイスをいただきました。

「ノブさん、B選手に気をつけてくださいよ。彼はノブさんの前では素直でいい奴ですが、陰ではノブさんの悪口をよく言っていますよ。ノブさんは彼を信頼していると思いますが、気をつけたほうがいいですよ」

私はその言葉を疑いました。B選手と私はよく会話をしているし、私の方針やアドバイスについて話をしても素直に「ハイ」と言ってくれていたからです。その彼が、私の悪口を陰で言っているとは信じられませんでした。


実際にB選手が私の悪口を言っていたかどうか、真偽を確かめることはしませんでしたが、ビジネスの現場でも似たようなことが実際に起こっています。リーダーシップ研修の事前準備として、現場の方にインタビューをさせていただくことがあります。あるとき、営業のリーダーの方にインタビューをさせていただいて、メンバーとの関係性をうかがうと、次のような答えが返ってきました。

「まったく問題ありません。週末は一緒にパチンコに行くなど、プライベートの付き合いもありますし」

後日、その当事者であるメンバーの方にインタビューをさせていただいたところ、

「私の上司は、上司らしいことをまったくしてくれずに、困っています。以前は、いろいろと要求を出していましたが、何も応えてくれないので、最近は私には上司はいないもの

だと思って仕事をしています。あの人も忙しいですからね」

これは典型的な事例であり、決して珍しい話ではありません。リーダーの側から見ると、プライベート上の付き合いもあり、仕事上でもリーダーに対して文句を言うことなく、指示やアドバイスに対して「ＹＥＳ」と言っているので安心してしまっています。

しかし、メンバーの側から見ると、プライベートではお付き合いをしているものの、仕事上では何を言っても無駄だとあきらめており、上司から言われたことに対しては、事を荒立てないように、とりあえず「ＹＥＳ」と言っている状況だと推察されます。

このリーダーの方には、研修の場で次のようなアドバイスをさせていただきました。

「プライベートと仕事は別です。状況から推察すると、メンバーから上司として認められていない可能性が高いです。プライベートのナアナアの関係を、仕事に持ち込んではいけません。部下との距離感が近過ぎる可能性が高いので、少し距離をとることを心掛けてみてはどうでしょうか？」

メンバーとの距離感に関して、早稲田大学ラグビー部元監督の清宮克幸氏は、サントリーサンゴリアスの監督時代に雑誌『Number　６９６号』のインタビューのなかで、次のように、ある程度の距離感の必要性を示唆されています。

「監督・コーチと選手の距離はあったほうがいい。指導者が目の前にいる時と、いない時で、選手の態度が変わるのは当然だと思う。そうでないとしたら、その指導者が仕事をしていないことになる。兄貴分のような若いコーチにしても同じです。なぜ距離感が必要か。立場が違うからです。責任のありかも異なります。ナアナアになると、選手が指導に疑問を抱いた時の言動が、表向きと裏側で変わったりする」


ところで、さきほどのリーダーの方の後日談ですが、研修の効果測定のために、10カ月後に再びリーダー、メンバー双方にインタビューをさせていただきました。

リーダーの方は、次のように話していました。

「プライベートでは相変わらずですが、仕事上で距離をとることを意識しました。具体的には毎週月曜日の朝、2人でミーティングをし、営業成績の進捗を確認し、成果が出ていない場合には、しっかりと指摘をし、原因を究明し、対策を共有することを心掛けています」

一連の取り組みのなかで自信も得たようで、10カ月前の頼りない様子とは別人のようで、貫禄すら感じました。

後日メンバーの方からも話を聞いてみました。

「成果に対して厳しくなりました。私が思うように成果を出せていないときには的確なアドバイスをいただけて、上司として頼りにしています。あの方も忙しいはずなのに私のサポートを手厚くしていただいて、本当に感謝しています」

これらの事例からわかるように、**リーダーから感じている関係性と、メンバーから感じている関係性が異なる**ことはよくあります。

ある程度、長期的な付き合いがあるメンバーのなかで、自分に対して耳の痛いことを言わないメンバーや、アドバイスに対して即答の「ＹＥＳ」の多いメンバーがいたら、その関係性を、今一度チェックしてみてもよいかもしれません。

研修でスキルを学んでも現場で効果が現われない理由

企業研修の講師として、「コーチングなどをはじめ人材育成のスキルの研修をしても、なかなか現場で効果が現われない」という話を人事の担当者からよくお聞きします。

「わかりやすく、誰にでもすぐに現場で実践できる」というのをうたい文句にしている研修会社も少なくありません。しかし、人材育成のスキルを研修しても、現場での再現性がなかったり、再現性があったとしても効果が発揮されなかったり、たとえ効果が現われたとしても、一時的な効果に留まってしまうことが多いようです。

なぜ、そうなってしまうのか？　それにはちゃんと理由があります。

1つ目の理由として、**「スキルが発揮されるのはケース・バイ・ケースである」**ということです。職場にはさまざまなメンバーがいます。年下のメンバーもいれば、同年代や年上のメンバーもいるでしょう。仕事のできる優秀なメンバーもいれば、なかなか結果を出せないメンバーもいるでしょう。両親に甘やかされて育ったメンバーもいれば、厳しくしつけられたメンバーもいると思います。精神的に大人の方もいれば子どもの方もいます。そういったさまざまなメンバーに対して、同じスキルで育成しようとしても無理があります。

たとえば、コーチングもそうです。人材を育成するにあたって非常に有効なスキルだと思いますが、実はコーチング的な関わり方を極端に嫌うメンバーも実際には存在します。つまり、スキルで人材育成をしようとすると、極端な話、メンバーの数だけスキルが必要になってきてしまうのです。

私は、高校生、大学生、社会人、日本代表チームと、さまざまな年代、レベルの選手のコーチをしてきました。高校1年生などアメリカンフットボールの初心者を教える際には、ティーチングが中心になります。逆に日本代表チームでは、ティーチングはほとんどせずに、マネジメント（管理）とコーチングが中心になります。

よく言われることですが、**経験の浅い人の成長をサポートするときには、「その人のなかにある答えを引き出すという「コーチング的な関わり」よりも、ティーチング的な関わ**

りをすること。まずはしっかりと基本を教えることに重きを置き、レベルが上がるにつれて、ティーチングの割合を減らしてコーチングの割合を増やしていくのが効果的です。このように、メンバー個々のレベルに合わせて効果的なスキルは変わってきます。**その人の現在のレベルと、精神的な成熟度合いによって、有効なスキルは変化します。**

2つ目の理由は、**「スキルには非常に危険な側面がある」**ということです。精神的に未熟なリーダーがスキルを身につけるとテクニック論に走りがちです。たとえば、質問のスキル。「部下のやる気を引き出す魔法の質問」を上司が学び、「部下はこういう質問を投げ掛ければやる気を出してくれるのか！」と考え、安易にビジネスの現場で実践することは大変危険です。なぜなら、このようなケースでは、リーダーは意識的か無意識的か問わず、メンバーをコントロールしようとしてしまっているからです。

人は他人からコントロールされることを極端に嫌い、相手が自分のことをコントロールしようとしているか否かは無意識に感じることができます。短期的にはうまく部下のやる気を引き出すことができることもありますが、それも時間の問題です。中長期的には、リーダーが自分をコントロールしようとしていることを無意識に感じ取り、そのコントロールから逃がれるために、リーダーから距離をとろうとするケースがよくあります。

このように、人と人の問題に対してテクニックで対応をしようとすると、人間関係を悪化させてしまう危険性すらあります。スキルや知識はどうしてもわかりやすいので、研修のテーマとして重要視されますが、これらのスキルや知識だけでは人を育てたり、人のやる気を引き出したりすることはできない、と私は考えています。

マサチューセッツ工科大学教授のダニエル・キム氏が提唱する成功循環モデルによると、物事がうまく回っているときには、次の好循環が存在しています。

①関係の質が向上する（組織内の人間関係がよくなる）
↓②思考の質が向上する（モチベーションが上がる、お互いを助け合う風土ができる）
↓③行動の質が向上する（新たな挑戦に取り組むようになる）
↓④結果の質が向上する（組織の業績や成果が向上する）
↓①関係の質が向上する（さらに組織内の人間関係がよくなる）……

このとき、「④結果の質が落ちる」と、そこから悪循環が発生し、「①人間関係が悪化」し、「②思考の質が落ち」（保身や責任転嫁）、それにともなって「③行動の質も落ち」（ミスを恐れる、消極的になる）、さらに「④結果の質が落ちる」という、さらなる悪循環に陥ります。

このような悪いスパイラルにはまると、企業や組織は、多くの場合、「④結果の質を向上させよう」と考え、結果に直接つながる「③行動の質を向上させよう」とします。つまり、好循環とは逆回りに改善しようとする傾向があります。

しかし、行動の質のベースとなる、思考の質や関係性の質が悪化したままでは、うまくいくはずもなく、一見すると遠回りに思えるかもしれませんが、**結果の質を向上させたいのであれば、関係性の質を向上させることが一番の近道です。**

私がＩＢＭでコーチをしていて、結果が出ていないとき、結果を求めて選手の行動を変えようと必死でした。しかし、結果は私が追えば追うほど、逃げていきました。そこで、先述した通り、コーチングを学び、選手との関係性を重視した結果、チームが飛躍的に成長した実感があります。

このように、**企業や組織が直面している課題を解決するヒントは、実は組織内の人間関

係にあることが多いのです。リーダーは、自らのチームの成果が出なくなったときに、短期的な成果を手に入れたくなるのは当然だと思います。しかし、知識やスキルを使う前に、「この人に育てられたい」と思われるリーダーになることが大前提であり、その関係性があって、初めて人材育成のスキルが活かされます。

スキルはケース・バイ・ケース。**しかし「関係性」は普遍です**。もし、悪循環にはまっているのであれば、まずはこの関係性を構築するところから着手する必要があります。

人は、危機感を煽っても一時的にしか動いてくれない

私の目標とする研修講師の1人、上村光弼《うえむらみつのり》氏は著書『最強リーダーのパーフェクト・コーチング』（PHP研究所）のなかで、「本当に人が動く三要素」として、人が自ら行動を変化させるのは、3つの感情のいずれかが芽生えたときである、とおっしゃっています。それは、**「快感」「危機感」「価値感」**（「価値」を感じる、という感情ということで、あえて「価値感」と表現されています）。

1つ目の「快感」は、「楽しい、うれしい」という気持ちで、**自ら「やりたい」と感じることにより、行動変容を起こします。**人は、基本的に楽しいことやうれしいことをやりたがります。大人も子どもも関係なく、テレビゲームに熱中をしているのは、そのことを「楽しい」と感じているからであることに疑う余地はありません。

リーダーが自分のメンバーの行動を変化させたいときも、これと同様に、いかにして「快」

を感じさせるようにアプローチするかが大切になってきます。しかし、「快感」で行動変容を促すことにも問題点があります。それは**持続力が弱い**ことです。なぜなら、人は「快」と感じる刺激に飽きてしまうからです。変化した行動を継続させるために、もしくは次に新たな行動変容を促すためには、さらに大きな別の「快」を与える必要が出てきてしまいます。

2つ目の「危機感」は、「やばい！」「まずい！」という気持ちです。**「やらなきゃ！」と感じることによって、行動変容を起こします。**「売上予算を達成しなければ、給料が減ってしまう」であるとか、「この仕事を締め切りまでに仕上げなければ、上司に怒られる」など、ネガティブな要素から逃げるために自ら行動を変化させた経験は誰にでもあると思います。

また、子育てをしている親御さんが、子どもの危機感を煽って行動変容をさせようと試みている様子をよく見ます。たとえば、店内で騒いでいる子どもに対して、

「静かにしないと、あそこにいるおじちゃんに怒られちゃうよ！」

何か買ってほしいものがあって駄々をコネている子どもに対して、

「そんなわがまま言っていると、置いて先に帰っちゃうからね！」

なぜ、このようなアプローチをするのかというと、われわれは経験的に、人の行動を変えるためには、危機感を煽ることが最も「即効性」があると知っているからです。これは、危機感の最大の特徴です。

人は元来、変わりたがらないものです。なぜなら、変わることは生命の危機に関わります。しかし、逆に生命の危機を感じたときには、すぐに行動を変化させます。

ただし、危機感を煽って行動変容を引き起こすことにも、いくつかの問題があります。まず、「快感」と、同様に**持続力が弱い点**です。人は「危機感」に麻痺してしまうために、行動を継続させたり、新たな行動変化を引き起こしたりするには、さらに大きな別の「危機感」を与える必要があります。

そして、**「強制的にやらされている感」**が否めないことです。自らが好んで行動を変化させるというよりは、ネガティブな要素から逃がれるために、しようがなく行動を変化させているので、そこから得られる成果が「ネガティブなことから逃れられる」程度に留まることがよくあります。

さらに、危機感を煽り過ぎると、将来的に反発を招く可能性が高まる、という問題点があります。幼少期に、危機感ばかりを煽られて育てられた子どもは、思春期になってから非行に走る確率が高まる、というデータもあります。

私がIBMでコーチをして思うように成果を出せなかった頃を振り返ってみると、選手の危機感を煽るようなアプローチが多かったと思います。

「こんな練習では日本一になれないぞ！」

「ほかのチームはもっとやっているぞ！」

このような言葉ばかりを選手に掛けていたと反省しています。そして、選手からの反発を招いて、クビ宣告を受けたのは先述した通りです。

それゆえ、上司という「立場」を利用して人を動かすことは、メンバーの危機感を煽ることにつながりやすく、長い目で見ると反発を招く危険性があるということは、ぜひとも覚えておいてください。そもそも「上司」という**立場は、人から与えられるものであり、同時に人が奪うことのできるもの**でもあります。もし、人から与えられたり、奪われたりする可能性のある、自分以外のものに頼らなくてはメンバーを動かせないリーダーだとしたら、今の自分は弱い存在であると認識する必要がありそうです。

3つ目の「価値感」は、**そのことをやることによって、「社会のためになっている」「人の役に立っている」「自分の将来に役立つ」などの、「価値」や「意義」を見出すことによ**

り、行動変容が引き起こされます。

「価値感」で人を動かす最大の特徴は**持続力があること**です。価値感を感じると、自らその行動を継続させる力があります。一方で、**即効性がない**という問題点もあります。「このことは、やる価値がある」と感じるようになるためには、しばしば時間を要します。

しかし、リーダーとメンバーが「立場」を超えた「関係性」を築けている場合には、この「価値感」をメンバーに感じてもらうことが比較的容易になります。「信頼する、あの人のために」「尊敬するあの人が言っているのであれば」という思いは、メンバーの心の中に「価値感」を醸成し、自らの意思で行動を起こしてくれる可能性が高まります。

さらに、行動を起こすことにより、何らかの成功体験を手にする可能性も高まります。成功体験は「やることに価値や意義がある」という価値感を強化し、その結果、行動を継続させ、向上させることにつながります。そして、自らとった行動を継続させ、向上することで、成果が最大化することにもつながっていきます。

リーダーは、小手先の施策でメンバーに「快感」や「危機感」を与え、目先のメリットを手に入れにいくのではなく、メンバーが「価値感」を見出し、自らの行動を継続、向上させるようになるのを根気よく待つ必要があるのです。

リーダーの最大の罪は「無関心」

リーダーが最もやってはいけないこと、それは「無関心」です。

ある心理学の実験で、ある学校の生徒を3つのグループに分けて、教師の関わり方と成績の相関関係を調査したそうです。

Aグループは、教師が生徒をほめて教育したグループです。Bグループは、教師が生徒を叱って教育したグループです。そして、Cグループは、教師が生徒にほとんど関わりを持たなかったグループです。その結果どうなったか?

「ほめた」グループは、劇的な変化が見られなかったものの、徐々に成績が伸びていったそうです。「叱った」グループは、最初は劇的に成績が伸びたそうですが、その後、徐々に成績が落ちていったそうです。つまり、危機感を煽った結果、短期的には一番成果を出すことができたものの、持続力を保つことができなかったと考えられます。「無関心」の

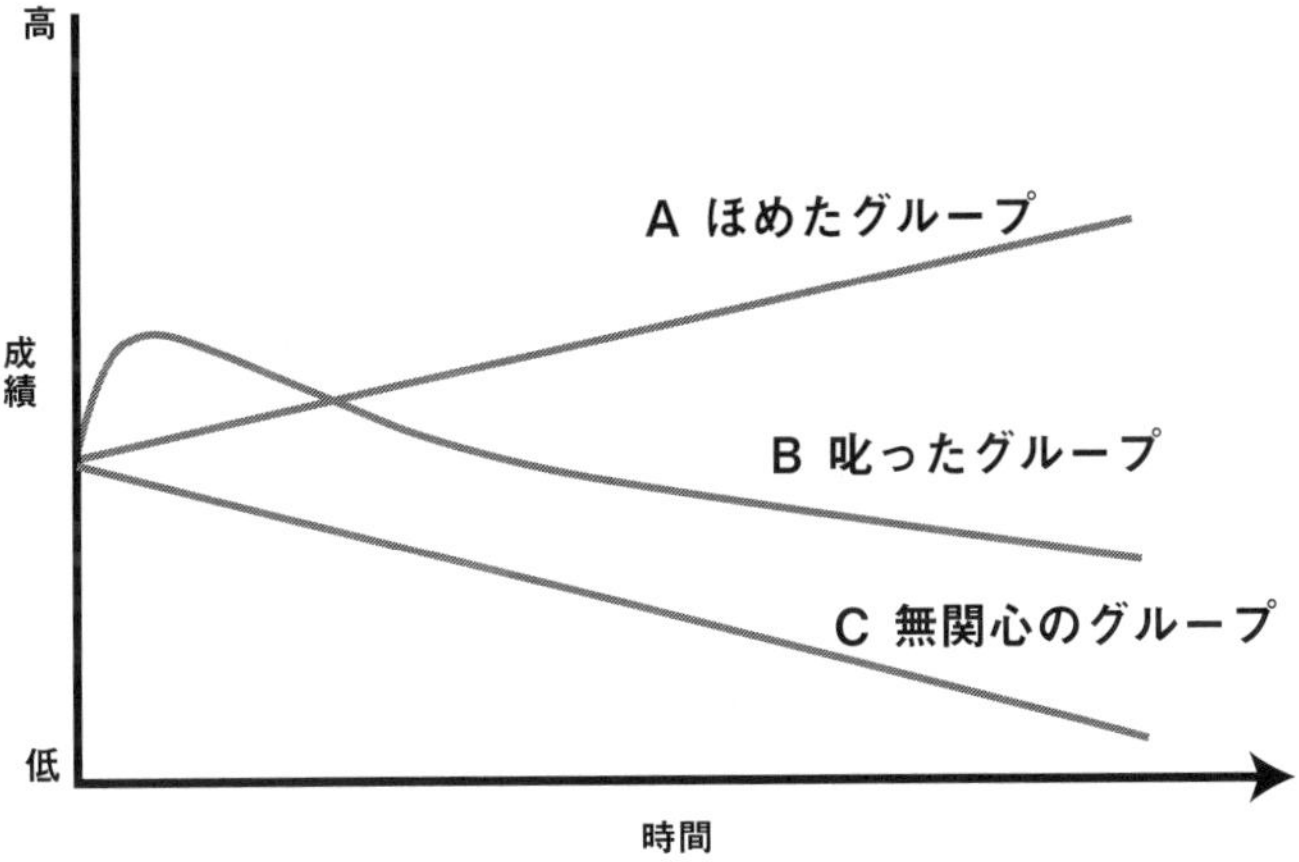

グループは、最初から最後まで、右肩下がりで成績が落ちていったそうです。

この実験は、後に実験の細部の手法に疑問の声があがり、正式な研究の結果としては認められていないとも聞きますが、リーダーがメンバーのやる気や能力を引き出すために求められていることが示唆されていると感じています。

心理学に**「ストローク」**という言葉があります。ストロークとは**相手の存在や価値を認める言動や表現**のことを言います。

ストロークは、**「肯定的ストローク」**と**「否定的ストローク」**に分けられます。

肯定的なストロークは微笑む、挨拶をする、感謝の言葉を伝える、ほめるなどがあります。

否定的ストロークには、にらみつける、非難する、否定する、怒鳴るなどがあり、基本的に否定的ストロークを与えると、相手は嫌な気持ちになります。

人はストロークを得られないと生きていけない、生きていく気力を得られないと言われています。大脳生理学によると、人間の三大欲求として、「性欲」「食欲」、そして**「集団欲」**があります。これは種族保存のために、多くの生物の本能にプログラミングされている欲求とされています。**ストロークがないという状態は、「集団の一員として認められたい」という集団欲を満たせない**ことになります。これは人間にとって大問題です。

集団欲を満たすために、人は肯定的ストロークを欲しているのですが、それが得られなければ、せめて否定的ストロークでもいいから得ようとするのです。

たとえば、上司からのストロークが得らないと、「自分のことに興味・関心が薄いのでは?」と感じ、無意識の内に否定的ストロークでもいいから欲します。つまり、あえて叱られるような行動をとり、否定的なストロークでもいいから上司の関心を引こうとするのです。

上司の悪口を陰で言ったり、上司に反抗したり、遅刻や欠勤が多くなったりし、上司や先輩から叱られることになりますが、結果として上司や先輩の興味・関心を引きつけ、否定的なストロークを得ることができるのです。つまり、**人が最も恐れているのは、周囲の人に興味・関心を持ってもらえず、ストロークがもらえない状態**なのです。

このように、心理学の側面から推察すると、リーダーがメンバーに対して無関心でいることは、メンバーのやる気を削ぎ、パフォーマンスを低下させるだけでなく、時には組織のなかに不満分子を作り出すことにもなりかねません。

アメリカンフットボールの現場を振り返ってみると、チームの運営やコーチ陣に対して不満を言う選手は、試合にあまり出場できていない選手であることがほとんどです。シーズンが深まり、強豪との対戦が続くと、ゲームプランの確認など試合に出るメンバーとの関わりが増える一方で、試合に出る可能性の低いメンバーとの関わりが減ってしまっていることも事実です。

それゆえ、チームの不満分子と見られる一部の選手は、心理学的側面から分析すると、コーチが自ら作り出しているとも言えるかもしれません。

私の尊敬する研修講師の1人に松場俊夫氏がいます。彼は非常に人気のある研修講師ですが、もともとはアメリカンフットボールのコーチとして、日本代表にもなったことがある優秀なコーチです。彼がアメリカンフットボールのコーチとして活躍していたときに、「毎回の練習で、必ず全員に声を掛けるように心掛けている」と、おっしゃっていました。

ビジネスの現場でも部下に無関心になっているリーダーの方にお会いすることがあります。とりわけ、プレイングマネージャーと技術系のリーダーに多く見受けられます。

プレイングマネージャーは、自分自身の仕事をまっとうするのが時間的に精一杯で、マネジメントまで手が回らないという現状もあるようです。

技術系のリーダーの方は、そもそも人に対する興味が薄く、自分の興味・関心のある領域を追求していきたいという想いが強いように感じられます。このような職場では、実際にメンバーの離職率が高い傾向があります。

リーダーがメンバーに対して無関心でいることは、組織にさまざまな弊害をもたらします。メンバーのために、そして組織のために、「無関心」はリーダーにとって最大の罪である、と肝に銘じておきたいものです。

組織の成果を最大化する「チームワークの3段階」

リーダーが組織としての成果を最大化するためには、リーダーとメンバーの関係性とともに、**メンバー同士の関係性である「チームワーク」**も非常に大切になってきます。

ラグビーの元日本代表監督でもある平尾誠二氏は、著書『「知」のスピードが壁を破る進化し続ける組織の創造』（ＰＨＰ研究所）のなかで、チームワークについて次のように述べています。

「当初、選手達はミスをカバーしあうことがチームワークだと考えていた。ミスのカバーとは、リスクに対して掛ける保険にすぎない。一般的には、誰も保険で利益を上げようとは考えないだろう。受け取る保険金の額が大きければ、掛ける保険料も高額になる。リクスヘッジだけで、売上は消し飛んでしまう。

ミスをカバーしあうのがチームワークなのではない。ミスをしないことがチームワークなのだ。この考え方を徹底しなければ、『ミスは起こりうるもの』『カバーは誰かがしてくれるもの』と、ミスに対して安易な妥協が生まれてくる」

「ミスをカバーし合うことがチームワーク」と、一般的には言われていますが、それは「チームワークではない」と断言しています。

アメリカンフットボールは11人でプレーしますが、その11人全員が明確な役割を持っており、その役割を遂行することがまず求められます。しかし、ある1人の選手のミスが原因で、相手にやられてしまうことがよくあります。そのときに、その選手のミスをカバーしようとしてしまうと、自分の役割がおざなりになり、今度はそこが綻《ほころ》びになり、また相手にやられてしまう。今度はその綻びをカバーするために……。このような負のスパイラルを繰り返していくと、どんどん自ら土壷《どつぼ》にはまっていってしまいます。これが自滅の原因です。

「ミスをカバーし合う」という精神は非常に共感できますが、勝利を追求する組織としては不十分です。本当の意味で組織の成果を最大化するためには、「ミスをしないチームワーク」よりも、さらにレベルの高いチームワークが必要だと私は考えています。最終的に目指すべきは**「自分の役割を超えて、組織の結果に責任を持つ」**ことです。

ＭＬＢの松井秀喜選手のインタビューを聞いていると、常に個人の成績よりもチームの勝利を優先した発言をしています。

「チームの勝利が僕にとって一番大切です。でも自分が打てなくても誰かが打って勝ったんだったらそれでいいという考え方は間違っている」

この言葉こそ、「自分の役割を超えて、組織の結果に責任を持つ」チームワークを体現していると思います。

また、２０１１年シーズンのドイツのサッカーチーム、ヴォルフスブルクの試合で象徴的なシーンに出合いました。ヴォルフスブルクは後半の36分にゴールキーパーが審判に暴言を吐いたとして、退場処分になってしまいました。しかし3人の交代枠をすでに使い切った後でしたので、控えのゴールキーパーをピッチに送り出すことができません。そこで、本来はフィールドプレーヤーである長谷部誠選手が、自分の本来のポジションではないゴールキーパーをすることになりました。

これは一見すると「ミスをカバーし合うチームワーク」に思えますが、似て非なるものです。「ミスをカバーし合うチームワーク」は、ミスをすることが前提となり、自分の役割に対する責任感が弱い傾向にあります。「ミスをしないチームワーク」では、ミスをしないことが前提となっており、自分の役割に絶対的な責任を持っています。

さらに、ヴォルフスブルクのように「役割を超えて、組織の結果に責任を持つチームワーク」は、自分の役割をミスなく遂行することが前提となり、そのうえで、「組織として結果を出す」という、大局的な責任を組織の構成員全員が負っています。この**「何を前提とするか？」「どこに責任を置くか？」**がチームワークを考えるうえで大切なポイントです。

ビジネスの世界ではどうでしょうか？　実際の会社組織を見てみると、「自分の役割をするだけでなく、ミスをした人のフォローをすること」は当然大切です。しかし、そもそもまず「ミスをせずに自分の役割をまっとうする集団」であれば、ミスをカバーし合うことが不要になり、その分、自分の役割に集中できるようになります。より質の高い仕事ができるはずです。

営業を例にしてみましょう。スポーツで言うところのチームの勝利をビジネスに置き換えると、組織の予算達成はビジネスにおける勝利の1つです。その組織の勝利を達成するためには、チームのメンバーが何かしらのアクシデントで自分の役割を果たすことができなかったときには、長谷部選手のように、時には自分の役割を超えた動きが求められます。

このように書くと、「ミスをカバーし合うチームワーク」と混同されやすく、このシーンだけを切り取ってみると、表面上は同じように見えるかもしれません。しかし、先述した通り、メンバーの意識のなかの前提と責任の所在が明らかに違います。

「ミスをカバーし合うチームワーク」では、「個人予算が目標までいかなくてもある程度しようがない」という前提が、組織のなかにはびこっています。

「ミスをしないチームワーク」という視点で考えるのであれば、個人予算は必ず達成することであり、このレベルで考えられている方は数多くいらっしゃると思います。ただし、難しいのは、組織の構成員全員がこのレベルで考えられているか？　ということです。「役割を超えて、組織の結果に責任を持つチームワーク」では、個人の予算を必ず達成するのはもちろんのこと、個人を超え、グループや部署全体の予算達成に組織の構成員全員が責任を持っています。

チームワークは、それこそ**チームのメンバー全員が、同じ前提を共有して、初めて成り立ちます**。換言すれば、「その組織の当たり前の基準」がどこにあり、その基準に対する意識が共有できているか、ということです。

CHAPTER2のまとめ

リーダーになって伸び悩む人

- スキルや言葉でメンバーをコントロールしようとしがちである
- リーダーはメンバーとの距離が近くなるのがよいことだと思っている
- 経験の浅い人をサポートするときも、コーチング的な関わり方をしている
- 立場を利用したり、危機感を煽ってメンバーを動かそうとする
- 「ミスをカバーし合うこと」がチームワークだと考えている

リーダーになって伸びる人

- メンバーとの「関係性」を重視している
- リーダーはメンバーからの尊敬を獲得することが難しいことを知っている
- 経験の浅い人の成長をサポートするときは、ティーチング的な関わり方をしている
- 組織の一員として認めていることを伝え、安心感を与えている
- メンバー1人ひとりに対して組織の結果に責任を持たせている

CHAPTER 3

人は、相手が何を考えているかを無意識に感じ取るもの

〜関係性はリーダーの「スタンス」で築かれる〜

人は、相手が何を考えているかを無意識に感じ取る

CHAPTER2までで、「リーダーとメンバーの関係性が重要である」とお伝えしてきましたが、実際に私自身が現在の選手との間に強固な関係性が築けているかというと、まだまだであると感じています。

もちろん、「あいつをクビにしろ」と、言われた頃から比べるとだいぶ改善されたと感じています。ただし、マイナスがゼロになり、人によっては少しだけプラスが出ている印象で、まだまだコーチとしての未熟さを実感し、日々成長するために四苦八苦している状態です。

そんな私が選手との関係性を築き、より強固なものにするために大切にしていること。それは、私自身の**「スタンス」**です。「スタンス」とは、**「どのような考えや信念を持って、メンバーと向き合うか？」**ということです。

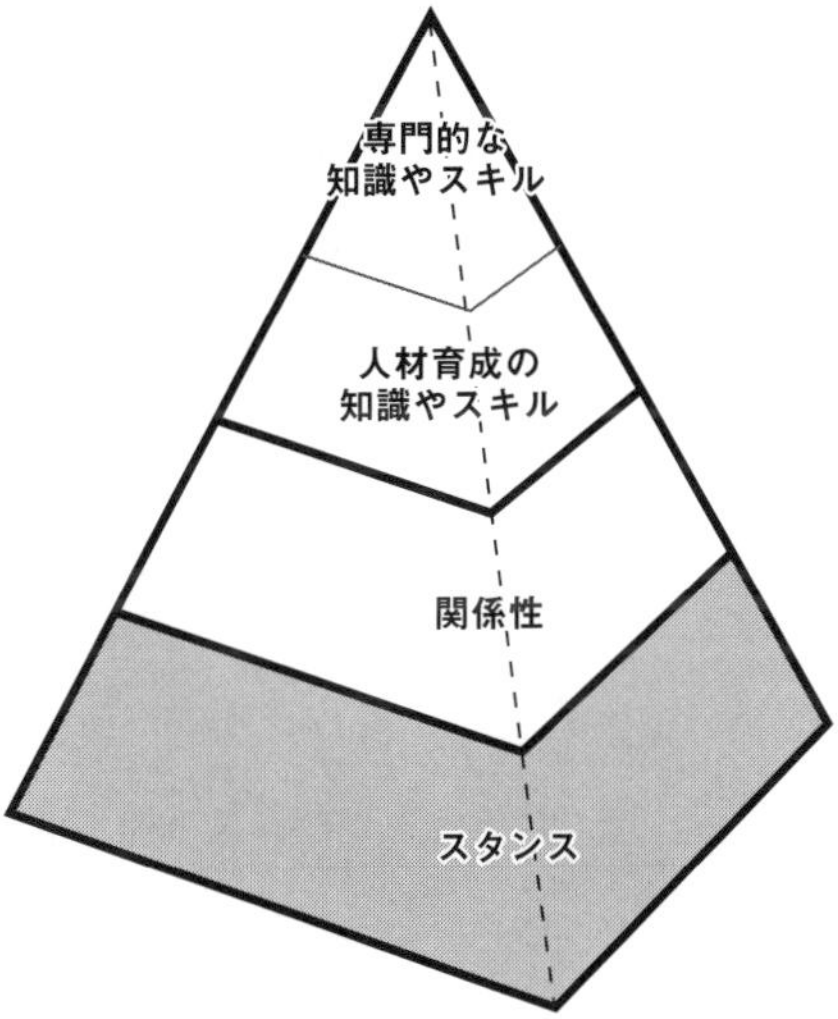

なぜ「スタンス」が重要かというと、**実際に言葉や態度に出さなかったとしても、人は相手が何を考えているかを無意識に感じ取ることができる**からです。

たとえば、みなさんが、車や保険、洋服などを買おうとしたときに、セールスパーソンから商品の説明を受けた経験があると思います。そのときに、商品の知識が豊富で、説明もうまいのに、なぜかあまり信用できないセールスパーソンに出会ったことはありませんか？

逆に、経験の浅さからか、商品の知識があまりなく、説明もそれほど上手ではないのに、なぜか信用できるセールスパーソンに出会ったことはありませんか？

これは、セールスパーソンの発した「言葉」よりも、その裏側にある、その方が仕事に対してどのように向き合っているか、目の前の顧客である自分自身に対してどのような気持ちで接してくれているか、という「スタンス」を、みなさん自身が無意識に感じ取っているからこそ起こるのです。

リーダーとメンバーが関係性を築くための原理も同じです。リーダーがメンバーに対して、「何を言うか」「何をするか」も大切ですが、その前提として、**リーダーの言動の源となっている「心構え」**が大切なのです。

リーダーに求められる3つの考え方 〜①受容〜

では、どのようなスタンスがリーダーに求められるのか、詳しく見ていきたいと思います。まず、リーダーには、**「受容」「支援」「自己責任」**という、3つの考え方が大切だと私は考えています。

1つ目の「受容」とは、**メンバーのありのままの姿を受け容れる**、ということです。「受容」の反対は「非受容」です。「非受容」になったときには、メンバーの起こした言動をよくないと考え、正そうとします。

私が、心理学を学んだ、日本メンタルヘルス協会では、悩みを相談されたときにありがちな非受容な対応の代表例を、7つのタイプに分けています。

たとえば、「仕事に自信をなくしました。辞めようかと考えているんです」と部下に相談をされたときにやってしまいがちな、非受容な対応例を見てみましょう。

①権威者ワンマンタイプ（命令・指示・侮辱・非難）

「小さな事で悩まないで、今すべきことに集中しなさい」

「理由はともあれ、辞めるだなんて、社会人としての君の考えは甘過ぎると思うなぁ」

「泣き言ばかり言っていたんでは何も始まらないよ」

「君はいつまでも考えが子どもみたいだなあ、いやなことがあると弱音を吐くなんて」

②芸能記者質問タイプ（質問・尋問）

「いつからそんな風に感じているの？　いったい何があったの？　嫌な上司でもいるの？　同僚とはうまくいっているの？　どうして？」

③おたすけ説教人間タイプ（説教・訓戒・講義・講釈）

「仕事は長く続けることが大切なんだ」

「会社というところはだね……」

「君は事実を認識していないようだが、組織とは……」

「組織で働く人間と言うのはいろいろな問題を調整して、乗り越えてこそ……」

④不安をあおる予言者タイプ（脅迫・警告・忠告）

「辞めると、どこに行っても続かないよ」

「会社は辞めないほうが君のためだよ」

「辞めるのは君の自由だけど、きっと後悔するよ」

「あと半年がんばって、それからどうするか決めたらいいのに」

⑤学者分析タイプ（分析・診断）

「会社の人間関係がうまくいかないから、そんな風に考えているんじゃないの？」

「仕事の技術が上がらないから落ち込みを招いているんだよ」

「仕事の結果を焦っているんだよ」

⑥身の上相談同情タイプ（同意・同情）

「じゃあ行かなくていいじゃない。仕事なんか辞めてしまえば」

「そうだね。私もこの仕事には問題があると考えているんだ」

「確かにサラリーマンは退屈で嫌なものだよ。わかるなあ。でもそのうち、いいこともあるよ」

「あの上司はいつもああだから、気にすることないさ」

⑦ノープロブレム・ノー天気タイプ（ごまかし・冗談）

「まあ、いいじゃないか。時間が経てば気も変わってくるよ」

「さあ、パッと飲みに行って楽しもうよ！」

「大丈夫、大丈夫、考え過ぎだって」


これらのような7つの対応を、心理カウンセラーは決してしません。このような非受容な対応をすると、メンバーは「理解されていない」と感じ、話すのをやめ、劣等感を持ち、自己の評価を下げ、防衛的になり、時には怒りを爆発させてしまう危険性さえあるからです。そのようなスタンスでは、リーダーとメンバーの間に関係性を築くことができるはずがありません。心理学者のカール・ロジャース博士も、「正そうとする前にわかろうとせよ」と述べています。相手のとった言動を「よくない」と考え、正そうとする行為は、非受容な対応の典型例です。

先述した、私が新卒で入社した会社で広告関連の営業をやっているときに、仕事について悩んでいる時期がありました。そのことが原因で、営業に行かずに、社内で事務作業をしていることが多かったのですが、それを見た当時の上司が、「延原、ちょっといいか?」と私を会議室に呼び出しました。会議室に入ると、上司は、

「なぜ営業に行っていない? 今やっている作業は、あとどれくらい時間がかかるんだ?」

と、厳しい表情で、質問をしてきました。この質問の裏には、「営業が社内作業ばかりやってけしからん! いったい、いつになったら作業を終えて、営業に出て行くんだ?」という、上司の私を責める気持ちがにじみ出ていました。私のとっている行動を「よくない」と考え、「正そう」としているように感じました。その気持ちを感じ取った私は、心を閉ざし、壁を作ってしまいました。

「今日中には終わる見込みです。何か問題ありますか?」

不機嫌そうな表情で、答えを突き返したのを覚えています。今、振り返ってみると、当時の自分の稚拙な態度が恥ずかしく、上司にも申し訳ないことをしたと思います。しかし、

その後、その上司とは私が退社するまでそりが合いませんでした。

リーダーがメンバーに対して、非受容になってしまうと、このように敵対関係になってしまうことがよくあります。敵対関係になってしまうと、部下の成長をサポートするのが難しくなることは容易に想像できると思います。客観的に見たら、部下が明らかによくない行動をとっていたとしても、必ず**「その人にとっての正当な理由」**が存在します。多くの場合、そこに悪意はありません。

さきほどの私のケースでいうと、「営業に行っていない」という明らかによくない行動の裏には、「仕事について悩んでいる」という、少なくとも当時の私にとっては「正当な理由」がありました。この「正当な理由」の存在自体を知らないと、受容することが難しくなります。まず「正当な理由」があることを理解すること。そして、その**「正当な理由」を知ろうとすることが、受容するスタンスにつながります。**

みなさんのまわりで、自分の愚痴や文句を、説教せずに、ただ黙って「うん、うん」と聞いてくれる人はいますか？　その人は、自分にとってどのような存在ですか？　もしリーダーが、メンバーにとってそのような存在になれたとしたら、リーダーとメンバーの関係性はどのようになるでしょうか？

リーダーに求められる3つの考え方 〜②支援〜

リーダーに求められる2つ目の「支援」とは、**「メンバーの可能性を信じ、その人にとっての最大の支援者となる」**ということです。一般的に「支援」の反意語は「妨害」などと言われると思いますが、私は、「支援」の反意語は「評価」だと考えています。「評価」することにより、メンバーのパフォーマンスを「妨害」してしまうことがあるからです。

「評価」とは、いわばスキルです。「この人に評価されたい」と思われる上司から評価されると、その評価がよくても悪くても、部下の成長に役立ちますが、そうでない場合には、部下のエネルギーを奪い、パフォーマンスを低下させてしまう危険性があります。つまり、「評価」も関係性がないと成り立ちません。

「評価」は上司にとって最も大切な仕事の1つでもあります。「評価」をすることによって、部下の成長をサポートすることができるようなリーダーになるためにも、まずは「支援」することが必要です。その「支援」をするためには、まず「部下の可能性」を信じられなければ始まりません。

私は高校時代にアメリカンフットボール部に所属をしていましたが、そのときの私のコーチは、まさに私の「可能性を信じて」「支援」してくれました。

高校入学と同時に入部したのですが、当時の私はチームで1位、2位を争う足の遅さと筋力のなさで、先輩からバカにされ、誰もが私がレギュラーをとれるとは思っていませんでした。大方の予想通り、高校2年生までの間は、公式戦の出場はもちろんゼロで、練習試合には少しだけ出させてもらったことがありましたが、みんなの足を引っ張り、コーチや先輩からよく罵倒《ばとう》されていました。

そんな私が高校3年生になったときに、新たに私のコーチとなったのが、当時の大学4年生の学生コーチの方でした。仮にCさんとさせてください。Cさんがコーチになってからは、チームのお荷物選手であった私を、すべての練習や試合で常に1軍で出場させてくれました。なぜそうしてくれたかはわかりません。私よりも才能豊かな選手は同学年にも下級生にもいっぱいいました。でも、自分自身でさえ気がついていない私の可能性を見出してくれてか、常にレギュラーとして起用してくれました。

そして、私のよいところを引き出し、私の苦手な部分が出ないように、チーム全体の戦略まで変更してくれました。私がごくまれにするいいプレーを見逃さず、みんなの前でほめてくれました。おそらく、周囲から疑心暗鬼で見られていた私に対して、チームメイトからの信頼を得るために、意図的にそうしてくれたのではと、今では感じています。

Cさんが「私の可能性を信じ、私にとっての最大の支援者」となってくれたことにより、私は、「Cさんにほめられたい」「Cさんに認められたい」と自然に思うようになっていきました。私は、Cさんの期待に応えたくて、必死でがんばりました。ゲーム中にいいプレーができたときは、ベンチにいるCさんに向かってガッツポーズをしていました。

もちろん、時には叱られることもありましたが、素直に反省し、二度と同じ過ちをしないように心掛けました。そして今では、私にとってCさんは、アメリカンフットボールのコーチとして理想の姿であり、目標とする存在です。

リーダーシップの研修で「可能性を信じた最大の支援者」についての話をすると、「おっしゃることはわかります。しかし、それでも可能性を信じられないと感じてしまう部下がいるのですが、どうすればいいですか？」といった質問をいただくことが、まれにあります。これには対処法が２つあります。

１つは、**口に出す言葉を変化させることです。**思考のクセは口グセとして現われます。つまり、口グセを変化させることにより、思考を変化させることが可能となります。「ダメな部下」と思ってしまっても、「あいつならできる。絶対に大丈夫！」と口に出して言うことです。

もう１つのやり方は、「ダメな部下」と思ってしまっても、その**思いを無理に否定しないようにすること**です。対人コミュニケーションでは、誰かが何かの主張を繰り返すのは、その主張が受け容れてもらえないからであり、その主張が受け容れてもらえれば、主張する必要性がなくなります。

自分とのコミュニケーションもこれと同じ原理が働くために、「ダメな部下」だと思ってしまった考えを無理に抑え込もうとすると、「ダメ」という主張がより強くなります。ですので、いったん「ダメな部下」と思ってしまったらそれを自分のなかで認めてください。

そのうえで、「ダメな部下」という考えはリーダーの主観ですから、その主観を事実ベースに落とし込んでいきます。つまり、「ダメだと思う理由」を事実ベースで可能な限り広く、深く洗い出していきます。ポイントはあくまでも**「事実」にこだわる**ことです。たとえば、「お客様との関係性を築くのが下手」というのは、事実ではなく、リーダーを含めた周囲の方の主観です。「お客様との関係性を築くのが下手」と感じるのはなぜなのか？　これを事実ベースで掘り下げていきます。そうすると、「商談中にお客様の話を遮《さえぎ》ってしまうことがある」とか、「商談中、自分ばかり話していて、お客様が話している時間が短い」といった事実が浮かび上がってくるかもしれません。

事実ベースに落とし込んだら、その事実を引き起こしている理由を考えていきます。「商談中、自分ばかり話していて、お客様が話している時間が短いこと」の理由は、たとえば、「営業はプレゼンテーションが命！」だと思っていることからかもしれません。もしくは、「沈黙が怖くて、ついつい自分から話し過ぎてしまうこと」が理由かもしれません。

ある程度、理由を考え出したら、今度はその理由に対する対策を考えます。ここで気をつけなくてはいけないことは、考えた理由はすべて「仮説」である、ということです。このフェーズでは、もちろん直接本人に聞いてもよいですが、本人が本当の理由に気がつけていないケースがよくあります。

そして、これらの仮説に対しての対策案を複数考えていきます。そうすることにより、たとえば、「ロールプレーをする」であるとか、「傾聴と質問のスキルを鍛える」といった、具体的な支援の方法を見出すことができます。支援の方法は複数考えられ、どの方法をとったら部下が成長するかはやってみなければわかりません。ですので、成果が出るまで、考えられる方法をすべてやってみる覚悟が必要です。

日本電産株式会社のトップである永守重信氏は、著書『「人を動かす人」になれ！』（三笠書房）のなかで、次のようにおっしゃっています。

「たとえ一〇〇人のうち、一人でも変わってくれる可能性があるなら、その一〇〇人全員にやれることはすべてやってみるというのがわたしの信念である」

人の成長をサポートするには、これくらいの覚悟が必要なのかもしれません。

この本を執筆しながら、さきほど事例として取り上げさせていただいたCさんに私が感じていた関係性を、私が現在の選手との間に築けているか、自分自身に問い掛けたところ、正直まだまだであると感じています。いつの日か、選手とそのような関係が築けるように、Cさんが私にしてくれたのと同じように、選手の可能性を信じ、選手1人ひとりにとって最大の支援者になる。コーチとして、そして人間として成長していきたいと強く感じています。

リーダーに求められる3つの考え方　〜③自己責任〜

私は、選手に対する愚痴を言わないように心掛けています。しかし、コーチになりたての頃の私は、よくこんなことを言ってしまいました。

「あいつ本当にダメです。全然うまくなりません。何度言っても同じミスばっかりするんです」

なぜ、愚痴を言わないように心掛けているかというと、**「自己責任」**の立場に立つことの重要性を感じているからです。

自己責任の立場からさきほどの発言を見てみると、

「自分は本当にダメなコーチです。選手を全然うまくさせられません。何度も同じミスをさせてしまっています」

自己責任の立場に立つと、選手の愚痴を言うことは、自分のコーチとしての無能さをさらけ出していることになります。この自己責任がリーダーに求められる3つ目のものです。「選手はコーチの鏡」という言葉があります。選手が問題を起こしているのは、コーチの至らなさを教えてくれている、という考え方です。

選手が上達しないのは、コーチが選手の成長をサポートできていないことが原因です。選手がやる気を出さないのは、コーチがやる気を削いでしまっているか、コーチ自身にやる気がないことが原因です。選手がチームやコーチに不満を言っているのは、コーチが不満を言う原因を作り出しているからです。

これは会社でも一緒だと思います。**「部下は上司の鏡」**です。部下が引き起こす問題は、上司の問題を教えてくれています。部下がモチベーション高く仕事に取り組んでいないのは、実は上司自身の仕事に対するモチベーションが低いことか、上司が部下のモチベーションを下げるようなことをしてしまっているケースがほとんどです。部下が上司の指示を聞かない原因は、ふだん上司が部下の話を聞いていないことか、上司の指示の出し方にあります。

つまり、**自己責任の立場に立つと、部下の起こしている問題の原因を自分のなかに見出**

することができるようになります。そうすると、部下に見本を見せられていない自分の関わり方、つまりスキルに問題があるケースがほとんどである、ということに気がつけます。

スキルに問題があるのであれば、関わり方を変化させることができるでしょうし、自分が見本を見せられていないのであれば、自分の日頃の仕事の取り組み方を見直すいい機会になるかもしれません。

このように、起こった問題を自分のこととしてとらえ、うまくいかなくても必死になってその問題に真正面から取り組む姿勢（スタンス）に、メンバーは共感し、関係性が築かれていくのではないでしょうか。

問題の原因を自分のなかに見出す人、逃げる人

「自己責任」の立場に立つと、自分のスタンスを強化できるだけでなく、さらによい点があります。それは、**問題を改善・解決するチャンスを手に入れることができる**、ということです。逆に、問題の原因を自分以外の他人や環境に求めてしまうと、問題を改善・解決するチャンスを放棄していることになります。

たとえば、メンバーとの関係性について見ていきましょう。私はコーチとして37名の選手の担当をしています。「関係性を築くことが重要」とは言っていますが、恥ずかしながら37名全員と関係性が築けているわけではありません。

選手との関係性を築こうと力を注いでも、心を開いてくれない選手がいるのも事実です。選手と関係性が築けていない根本的な原因がどこにあるのかはわかりません。もしかしたら選手自身にあるのかもしれませんし、環境的な要因にあるかもしれません。しかし、う

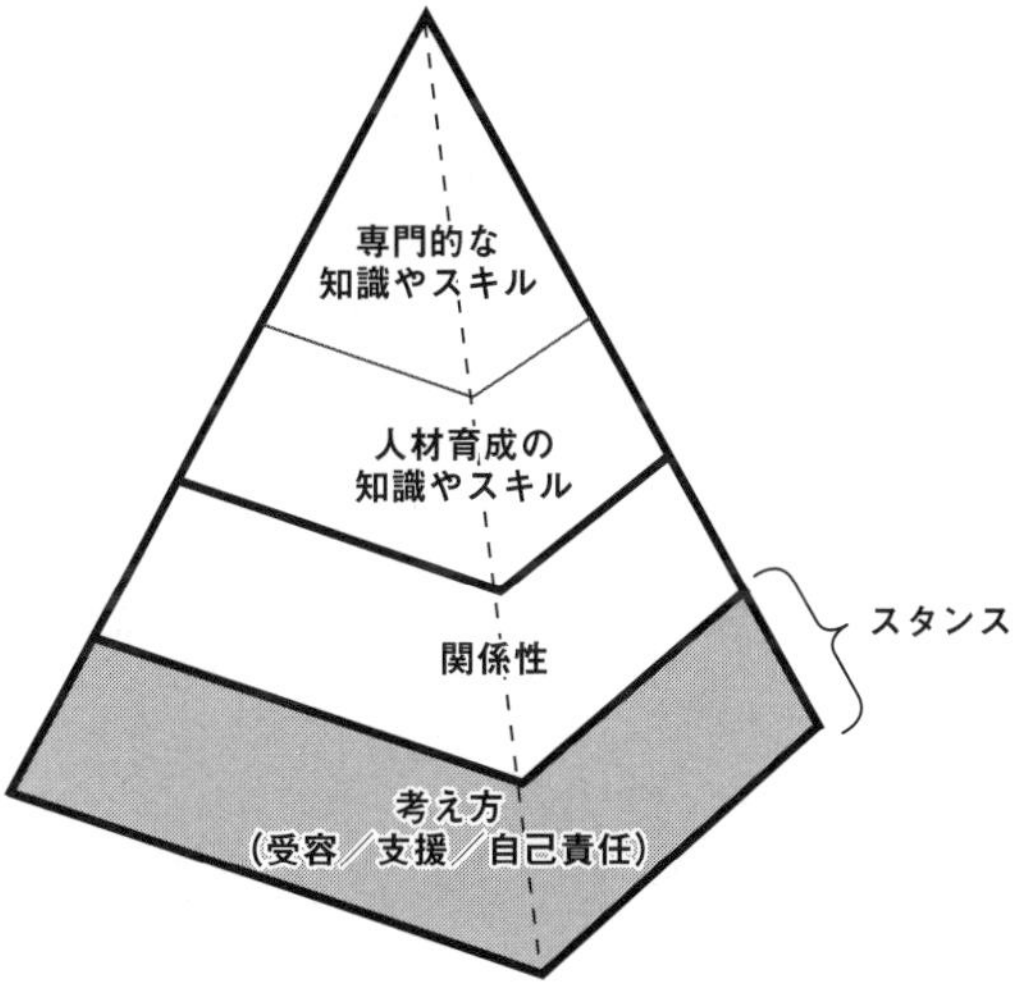

まくいかないことの根本的な原因探しは意味がありません。なぜなら、自分以外の部分に原因を見出しても、その問題を解決することはできないからです。

選択理論心理学というものがあります。選択理論心理学には、「世の中には直接コントロールできるものと、直接コントロールできないものがある」という考え方があります。

直接コントロールできるものの代表例は、「自分の思考と行動」と「未来（現在）」です。直接コントロールできないものの代表例は、「他人の思考と行動」や「環境」「過去」です。

選手とうまくいっていない原因を、他人である「選手自身」や「周囲の環境」のせいにするのは簡単です。もしかしたら根本的な原因がそこにある場合もあるかもしれません。しかし、直接コントロールできないものに原因を求めてしまうと、その問題を自ら改善・解決するチャンスを放棄していることになります。

これは上司と部下の関係性においても同じことが言えます。多くの場合、上司と部下の関係性に問題があるときには、その問題を根本的に解決するために、本質的な原因を探すことが必要である、と考えるかもしれません。

たとえば、原因が部下に怠け癖がついていることかもしれないし、部下のやりたいことと現在の仕事が一致していないという配属のミスかもしれないし、そもそも採用のミスであるかもしれません。それらが本当に本質的な原因だったとしても、上司と部下の関係性を改善するためには、何の意味も持ちません。

上司と部下の関係性が築けていない責任の一端が自分自身にあったとしたら、どのようなことが考えられるか？　**問題の原因を直接コントロールできる「自分」のなかに求めることができた人だけが、今、目の前にある問題を改善・解決するチャンスを手に入れられるのです。**

3つの考え方を支えるのは、「利他意識」

リーダーとして、メンバーと関係性を築くために、「受容」「支援」「自己責任」という考え方を大切にすべきという話をしてきましたが、これらの考え方を実践していくのは簡単なことではありません。

とくに、自分が辛い立場に追い込まれたとき、たとえばメンバーから否定、批判をされたときや、チームとしての成果をあげられずに責任を問われたときなど、この3つの考え方に沿った言動をとることが非常に難しくなるのを感じます。

そんなときに、この3つの考え方を支えるもの。それは**メンバーに対する「愛」**だと私は思っています。メンバーを愛することができれば、たとえ自分が辛い状況に追い込まれたとしても、この3つの考え方を実践するための支えになります。

この話をすると、まれに「どうしても部下を愛せない場合はどうすればいいですか?」

という質問をいただくことがあります。「愛」を感情としてとらえると、感情をコントロールすることは難しいと思います。しかし、感情は行動に大きく影響を受けます。つまり、最初は何も感情が湧かなくても、「愛する行動」をとることによって、「愛」という感情が芽生えてくるケースがあります。

たとえば、アメリカでは結婚カウンセラーという職業が立派に成り立っています。夫婦間の問題や悩みをカウンセリングする職業ですが、ハリウッド映画を観ていると、たまに夫婦間の問題をカウンセラーに相談しているシーンを見掛けます。

「愛情がなくなった」という夫婦に対して、実際に結婚カウンセラーがとる手法の1つとして、「愛し合っていた時期を思い出し、その行動をとってもらう」というものがあります。たとえば、結婚を決めた直前など、お互いの気持ちが一番盛り上がっていた時期を思い出し、そのときにとっていた行動……お洒落をして外で待ち合わせをして、映画を観て、夜景のきれいなレストランで食事をするなどといった行動をとってもらいます。その「愛ある行動」が、感情に影響を与え、再び夫婦間がうまくいくという実例があるのです。

つまり、このことをリーダーとメンバーの関係に置き換えて考えると、リーダーとしてメンバーに対して「愛ある行動」をとることによって、愛情が芽生えてくることがあるの

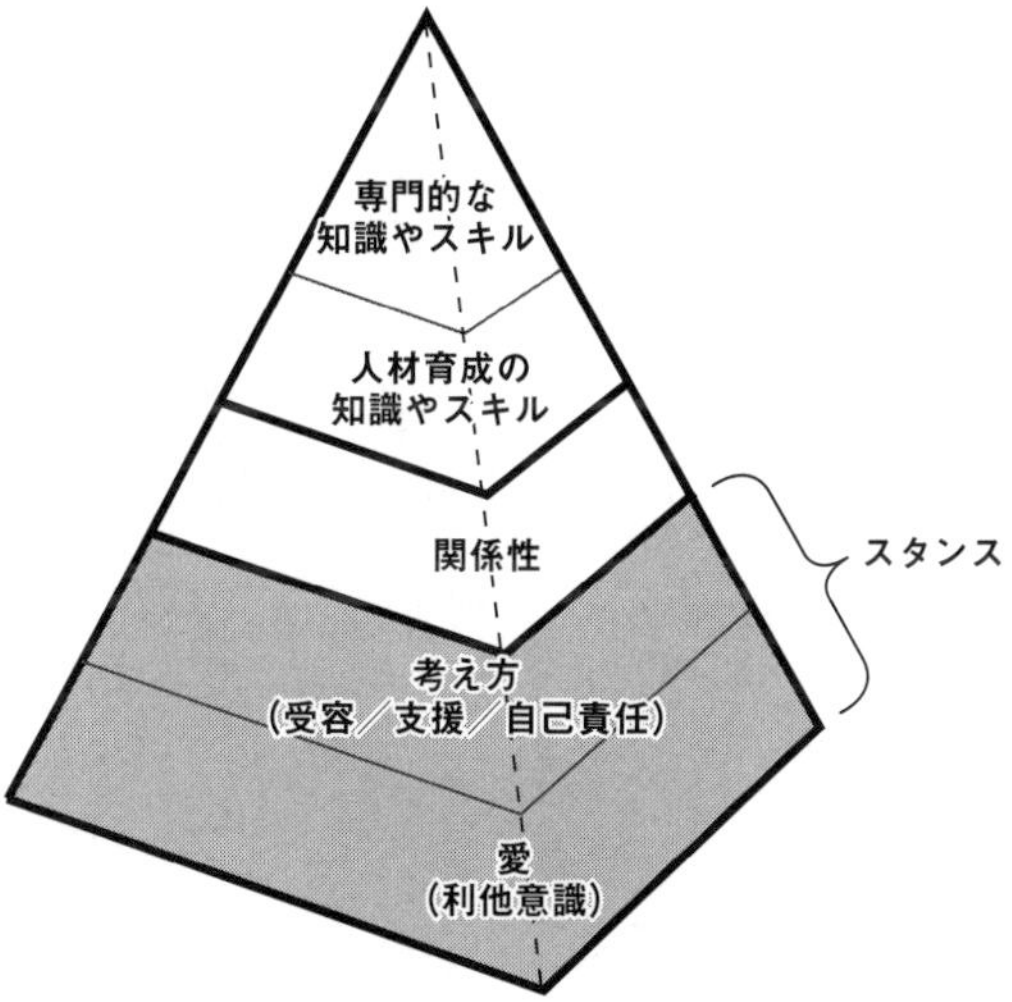

です。

リーダーがメンバーを愛することの重要性を数多くのリーダーが説いています。NFLの伝説のコーチとして知られるヴィンス・ロンバルディ氏は、次のような言葉を残しています。

「選手を好きになる必要はないが、選手を愛さなければならない」

また、さきほどもご紹介したNBAの名ヘッドコーチである、フィル・ジャクソン氏も著書『シカゴブルズ　勝利への意識革命』のなかでこう言っています。

「愛が何事をも征服する力であるという根本的な洞察には、いつも深く心を動かされてきた。（中略）愛は精神を高ぶらせ、チームを一つにする力である」

とは言え、日本人には「愛」という考え方に抵抗を持つ方がいらっしゃるのも事実だと思います。英語の「Love」と日本語の「愛」という言葉には、微妙なニュアンスの違いもあるかもしれません。個人的には「愛」という言葉は気に入っていますが、違和感がある方は、**「利他」**という意識を持っていただくとよいのではないでしょうか。

「利他」とは、「他人に利を与える」という意味であり、**「その人のために」という意識を持つ**ということです。「利他」の反対は「利己《りこ》」です。文字通り、「自分のために」という思いです。

「利己」意識があると、「受容」「支援」「自己責任」3つの考え方を持つことは難しくなります。逆に、「利他」意識があると、この3つの考え方を実践する支えになります。リーダーには、この「利他」意識が必要不可欠であり、この意識を持てない人は、リーダーになる資格がないと言っても過言ではないでしょう。

ブレないリーダーは持っている「自分憲章」

「利他意識」を支えるためには、**自分がリーダーとして大切にしたいことを明文化すること**が有効です。それを私は**「自分憲章」**と呼んでいます。

人は意識しないでいると、「利己」的になってしまいがちです。私の尊敬する研修講師の1人である、株式会社HOLOS-BRAINSの代表取締役社長であり、NLPの公認トレーナーでもある伊東泰司氏に次のような話を教えていただきました。

人の脳は、前頭葉がほかの生物に比べて異常に発達しており、人間らしい生活を営むうえで大きな役割を果たし、前頭葉は別名「創造の脳」とも言われているそうです。まさに、さまざまな新しいものを創り出し、文明が発達するにあたって、大きな役割を担ってきたようです。

何かを創造するためには、自由が必要であり、自由、つまり、わがままな思考を創り出す原因にもなっているようです。これが、人が無意識でいると「利己（自分だけのメリットしか考えない）」的になってしまう原因だと考えられています。

しかし、一方では、先述したように大脳生理学の人間の三大欲求の1つに「集団欲」があります。つまり、人間の脳には、「利己」的な考えを創り出す前頭葉と、「集団欲」という「周囲の人とうまくやっていきたい」という「利他」的な考えを創り出す本能があり、ある意味、この矛盾する脳の構造を、うまく調整することが求められます。

リーダーとして、「利他意識」をもってメンバーと接するためには、**常に自らに問い掛け続けるための仕組みが必要です**。その仕組みを作る方法の1つとしてお薦めしたいのが「自分憲章」です。

「自分憲章」とは、**「誰に対して（人、組織、社会）、自分がどう貢献したいか？　何に貢献したいか？　そして、その結果、何を達成したいのか？　そのためには、何を意識して、どう行動するのか？」**などを自らに問い掛け、自分がリーダーとして大切にしたいことを明確にし、それに沿って行動するためのものです。つまり、自分の価値観に沿って行動することを自分に約束するものです。

「自分憲章」を設定するにあたっては、「利他」と「自利（他者のメリットからつながる可能性のある自分のメリット）」のつながりも意識していただくとよいかと思います。先述したように、行動心理学によると「人はメリットを感じる方向に進む」とされています。これは自分自身にも当てはまります。「『利他』という思いがどういう形で『自利』とつながるのか？」を明確にしておく必要があります。つまり、「自分憲章」に「自利」と「利他」の精神を包含することにより、「自分憲章」をスタンスの土台として、より強固なものとすることができるのです。

ここで「自分憲章」の例を挙げさせてください。私が人として、そしてコーチとしても尊敬し、人生の目標とする存在である、富士通フロンティアーズの藤田ヘッドコーチが、私を含むフロンティアーズのコーチングスタッフに発信したメールの一部を抜粋して紹介します。


「コーチとして大切にしていること」

コーチだから指示できる立場になるわけではないということ。

コーチだから教えてよいわけではないこと。

コーチという立場だけでは人を動かせないこと。

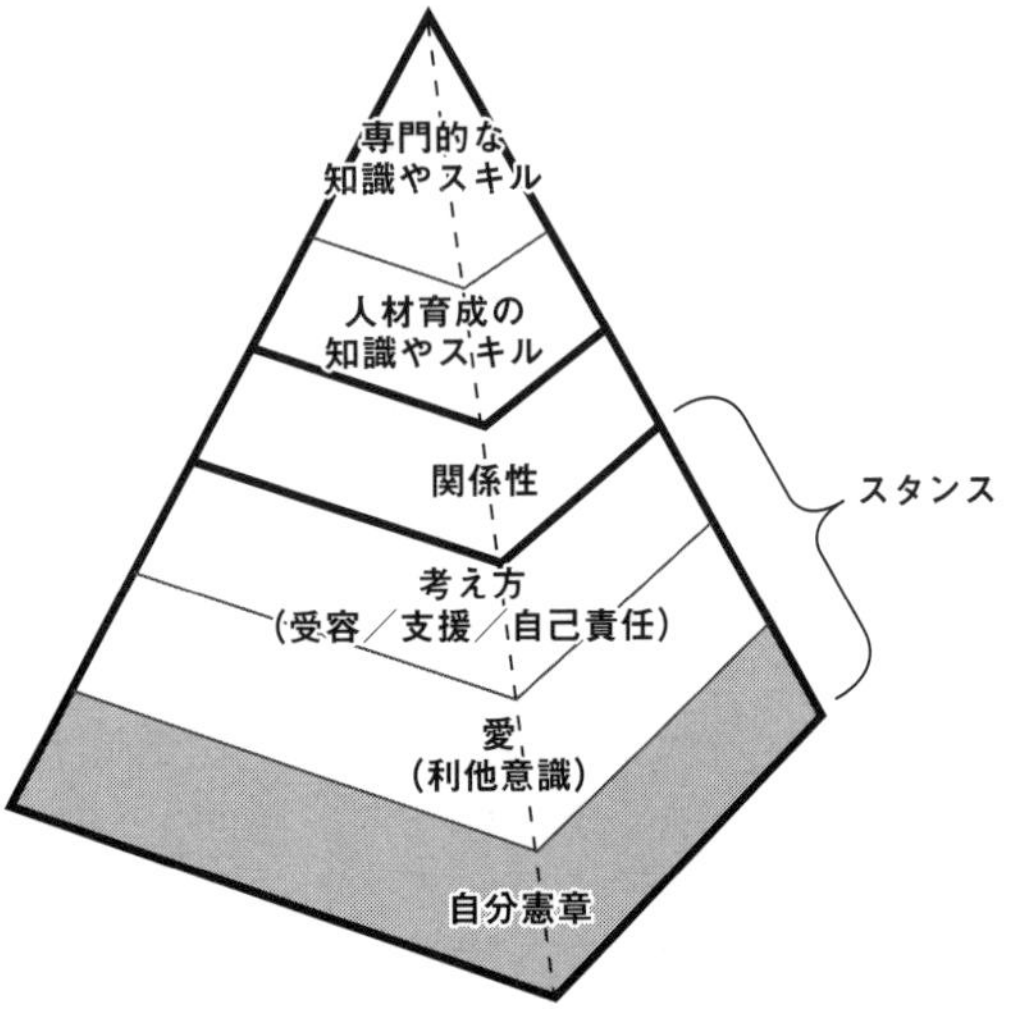

それ相応に勉強して経験してそれなりにならないと、他人の人生に影響するようなことを簡単に教えてはいけない。

だから立場だけでコーチにはなれない。

チームの責任、担当するものの将来に影響を及ぼすのだという認識と責任を持つ。自分が担当した者の結果を全面的に自分自身のこととしてとらえること。

これら諸々がそろってきてようやくコーチと言えると思いますし、選手に関わっていってもよい段階になるのだと思います。

それまでは言葉は悪いですが、「見習い」で、「コーチ然とするな」と自身に思ってきました。

以上がまとまっていませんが、私のコーチという仕事に対する考え方です。「気軽にコーチですって言うな、気軽にコーチという仕事をするな」って、すぐ慢心する自分に言い聞かせるようにしています。

このメールには、藤田ヘッドコーチのコーチとしての価値観が詰まっていると思います、藤田ヘッドコーチは、アメリカン・フットボールの世界では、名実ともに、誰もが認める日本を代表するコーチです。彼がそのような素晴らしいコーチとなれたヒントが、このメールに垣間見ることができる気がします。

ビジネスパーソンの方であれば、この藤田ヘッドコーチの自分憲章の「コーチ」の部分を「上司」や「課長」「リーダー」など、自分の立ち位置や役職に置き換えて読んでいくとイメージしやすいかと思います。

リーダーが、このような「自分憲章」を掲げ、実践したとしたら、ふだんの言動にどのような影響を与えると思いますか？　リーダーとして「利他」意識を持ってメンバーと接するためには、このような「自分憲章」を明確にする必要があり、定期的に自分の言動がその「自分憲章」に沿っているか、つまり本当の意味で自分に素直に生きていられるかを顧みる必要があるのです。

関係性は「できた！」と思った瞬間から崩れ始める

ここまで、リーダーがメンバーと関係性を築くためには、リーダーのスタンスが重要であることを話してきました。リーダーがスタンスをしっかりと固めて、メンバー、仕事、そして自分自身と向き合うことによって関係性は徐々に築かれていきます。

そして、忘れてはならないことは、**一度築いた関係性は、構築し続けなければ、簡単に崩壊する**、ということです。『7つの習慣』（スティーブン・R・コヴィー著／キング・ベアー出版）に「信頼残高」という考え方があります。

「信頼口座つまり信頼残高とは、ある関係において築かれた信頼のレベルを表す比喩表現であり、言い換えれば、その人に接する安心感ともいえるだろう。（中略）結婚などの最も日常的で身近な関係においてこそ、継続的な信頼残高の預け入れをしなければならない。なぜなら、継続的な期待があるところには、それまでの古い預け入れの効果は消え失せてしまうからである。例えば、学生時代の友人に久しぶりに出会ったら、以前と何ら変わりなく話すことができるだろう。それは、古い預け入れがそのまま生きているからである。しかし、日頃から接している人との口座は、常なる預け入れを必要としている。なぜなら、本人は気がつかなくても、自動引き落としのように引き出しが頻繁に起きているからだ」

この考えに則るのであれば、リーダーとメンバーの間には、意識的・無意識的問わず、継続的な期待が存在しています。つまり、リーダーはメンバーと関係ができたと感じて油断をしてしまうと、信頼口座から知らない間に自動的に残高が引き落とされ、気づいたときには、残高がマイナスになっている可能性すらあります。

南カリフォルニア大学リーダーシップ研究所の初代所長である、ウォレン・ベニス氏は、著書『LEADERS』（日本語訳『本物のリーダーとは何か?』海と月社）のなかで、すぐれたリーダーの重要な能力の1つとして、「親しい人にも、初対面の相手や顔見知りと同じくらい礼儀正しく接する能力」を挙げています。さらに、こう述べています。

「これはとくに家族間で求められる（かつ欠けている）能力だが、仕事の場面でも同じように大切だ。親しい相手は、そこにいるのが当然だと思いがちだ。会ったり話したりすることに慣れてしまい、相手の言葉の真意を汲みとることや、良し悪しを問わず、相手がしてくれたことに感謝することを忘れてしまう。友情や敵意などの個人的感情、あるいは単なる無関心が邪魔するのだ。」

ウォレン・ベニス氏は、親しい相手に対する「馴れ合い」が関係性を崩す要因となることに警鐘を鳴らしているのです。

私が以前いた職場に、新しい上司が来ることになりました。素晴らしい実績をあげた方とのことで、私も含め、周囲の方は大きな期待を寄せていました。その方と実際に一緒に仕事をし始めたときは、「さすが実績をあげてきた人は違うなあ」という周囲の評判でした。

しかし、半年ほど経つと、

「もう、あの人から教わることはない」

「素晴らしい実績をあげたって言っても、たいしたことないな」

などといった悪評が立ってしまいました。人は自分の知らないことを知っている人や、自分では手の届かない実績をあげた人に対して、ある種の畏敬《いけい》の念を持ちます。これは関係性を構築するのに大きな助けになります。

しかし、その人の過去の実績や評判によって築かれた一時的な関係性に過ぎず、そのような関係性は、「この人からもう学ぶものはない」と周囲が感じた瞬間にもろくも崩れ去ります（たとえ、本当はまだ学ぶことがあったとしても……）。

もしかすると、みなさんも似たような現象を経験したことはないでしょうか？　関係性を築くのは、リーダーの日々の小さな言動です。可能な限り周囲の状況や自分の体調・精神状態などに左右されず、自分の「本来、ありたい姿」である「自分憲章」の立場からの行動を心掛け、メンバーとの関係性をコツコツと積み重ねていくことでしか、関係性を構築し続けていくことはできないのです。

CHAPTER3のまとめ

リーダーになって伸び悩む人

- 決めつけたり、無理矢理メンバーの言動を正そうとする（非受容）
- メンバーの欠点ばかりに目がいく
- メンバーが結果を出せないことを、メンバーの能力不足や努力不足の責任にする
- 「メンバーのため」よりも「自分のため」に仕事をしている（利己）
- 自分がリーダーとして大切にしたいことを理解していない（明文化していない）
- メンバーとの関係性が「できた！」と思って油断をする

リーダーになって伸びる人

- メンバーのありのままを受け容れ、「正当な理由」を理解しようとする（受容）
- よくない部分も含めてメンバーの可能性を信じて支援している（支援）
- メンバーの結果を自分のこととして受け止める（自己責任）
- 「メンバーのために！」という思いを常に持っている（愛／利他意識）
- 確固たるブレない「自分憲章」を持っている
- メンバーとの関係性が「できた！」と感じても構築し続ける

CHAPTER

4

人は、ノドが渇いていないと水を欲しない

～「スキル」は、土台ができて初めて活きる～

スキルの効果は、チームの向かう先に左右される

CHAPTER3までで、人材育成のスキルよりも、まずは関係性を築くことが大切であり、その関係性を築くためのスタンスの重要性についてお話ししました。しかし、どんなにメンバーとよい関係性を築けていたとしても、**人材育成のスキルを持っていなければ、メンバーを育成することが難しいのも事実です。**

リーダーとメンバーの関係性が良好で、組織としても、一見するとうまくいっているように思えるにもかかわらず、実は成果が出せていないケースも散見されます。こういったケースでは、リーダーの人材育成のスキル不足が原因となっていることがよくあります。

リーダーの重要な役割の1つは、メンバーのやる気や能力を高め、組織としての成果を最大化することです。決して「仲よしチーム」を作ることではありません。「どんなチームを作りたいですか?」という質問をビジネスリーダーの方にすると、「メンバー同士の

仲がよく、楽しく仕事ができるチームを作りたいです」という趣旨のお答えをいただくことがあります。とくに経験の浅い若手のリーダーの方に、この傾向が多く見られる印象があります。このケースは、「仲のいいチームを作ること」が目的となってしまっていることが多く、これではリーダーとして失格です。

ビジネスにおいてもスポーツにおいても、一部の例外はあるものの、基本的にチームは「成果を出すこと」が求められています。成果を出す手段として「仲のよいチームを作る」ことが必要であれば、ＯＫだと思います。しかし、「仲のよいチームを作ること」が目的となってしまっては、組織としては未熟と言わざるを得ません。

それゆえ、リーダーとメンバーの関係性を構築することの重要性をお伝えしてきたのは、あくまでも組織としての成果を出す土台作りのためです。その**土台をベースに適切な人材育成のスキルを用いてメンバーと関わることによって、組織としての成果を最大化することが可能となる**のです。

では、「どのような人材育成のスキルがあるのか？」「それをどのようにすれば、実際にメンバーのやる気や能力を引き出すことにつなげられるのか？」。次項から見ていきたいと思います。

目標を握り合った瞬間、メンバーは同じベクトルを目指す

「リーダーはチームの進むべき方向性を示す必要がある」

さきほども触れたウォレン・ベニス氏は、著書『LEADERS』のなかで、「すぐれたリーダーの四つの戦略」の一番目の戦略として「人を引きつけるビジョンを描く」ことを掲げています。リーダーがビジョンを描き、それを魅力的にメンバーに伝えることの重要性は、多くのリーダーシップに関連する書籍や研究において強調されています。

そして、そのビジョンを実現するためには、メンバー1人ひとりと、メンバーとリーダーの間で達成すべき**「目標を握り合う」**必要があると私は考えています。「目標を握り合う」というのは、**リーダーがメンバーに期待していることと、メンバーが達成したいと思っていることを一致させる**ことです。

この思いが一致しないと、せっかく目標を設定しても、達成される可能性は極めて低く

なります。実際に、メンバーがリーダーの期待通りに成長するケースよりも、期待通りにいかないケースのほうが多いように感じます。

早稲田大学ラグビー部の元監督の中竹氏は、著書『人を育てる期待のかけ方』のなかで、「正しい期待をかければ、人は必ず成長する」と断言しています。

「期待通りにメンバーが成長してくれず、リーダーがフラストレーションを感じている場合には、リーダーの『期待』に対する『態度』が間違っている可能性が高く、その間違いをおかしている限り、『期待通り』の結果を得られる可能性は非常に低い。その間違いのひとつは、リーダーがメンバーに期待を押しつける『強制要望』にある」という主旨のことをおっしゃっています。

さらに中竹氏は、同時に期待のかけ方によっては、相手のやる気を失わせたり、関係性を悪化させたり、結果的に相手をつぶすことにもなりかねない、ともおっしゃっています。

私も、リーダーとメンバーの間で、期待値の調整をすることが大切なのは、これまでの経験で感じています。リーダーの期待値が、メンバーの得たい結果よりも高い場合、メンバーの性格によってはプレッシャーとなってしまうこともあります。

期待値を調整するためには、メンバー1人ひとりとの面談が重要になります。1対1で向かい合い、双方の思いを共有し、理解し、手に入れたい成果を握り合う。そして、そのプロセスにおいて「何を意識して取り組むのか」、リーダーとして「どのタイミングでどのようなサポートするのか」などを明確にしていくことがメンバーの成長のサポートにもつながるのです。

ビジネスの現場では、多くの企業で定期的に「目標設定の面談」や「評価面談」なるものが実施されています。しかし、評価者である上司自身が、忙しさを理由に面談を面倒に感じていて、ある意味「やっつけ」で行なっているケースが散見されます。そのようなスタンスの面談だと、当然、効果が出ることはほとんどありません。もちろん、面談に対して真面目に取り組んでいる上司の方々もたくさんいらっしゃいますが、「自己都合」の「強制要望」を押しつけているケースも珍しくありません。

面談は、人材育成のスタート地点であり、プロセスのチェックポイントとしても、メンバーと深く関わる最初の一歩と言えるでしょう。

ベースとすべきは「やらなくてはいけないこと」ではなく、「やりたいこと」

「目標を握り合う」とは言え、組織として個人に達成してほしい目標と、個人が達成したい目標が一致しないケースもよくあると思います。このような場合、リーダーはどうやってメンバーを1つの方向に導いていけばよいのでしょうか？

私は、「やらなくてはいけないこと」ではなく、**「やりたいこと」を土台にすべきだ**と考えています。なぜなら、義務感だけでは、人はがんばれないからです。

しかし、組織の一員である以上、「やらなくてはいけないこと」はやらなくてはいけません。せっかく目標を達成したにもかかわらず、本人だけがガッツポーズをしていて、周囲がしらけてしまっている状態では意味がありません。

そこで、**リーダーには、「やらなくてはいけないこと」を、「やりたいこと」に変化させる必要性**が生じてきます。私がアメリカンフットボールのコーチとしても、研修の講師としても師と仰いでいる松場俊夫氏は、次のように話しています。

「本人の価値観や大切にしたいことを共有し、そこをスタート地点とする。そうすると、やらなくてはいけないことが、やりたいことに変化することがよくある」

具体的に言うと、ある研修の受講者で、上司から積極的な発言を求められている若手社員の方がいらっしゃったそうです。真面目な方だったので、上司からの期待に応えようと、次のように宣言したそうです。

「これからは会議や打ち合わせの場で、最低でも1回は発言をするようにします」

しかし、とは言っていたものの、表情から察するに義務感からの発言であり、とても現場で実践できるとは思えなかったそうです。

「あなたが仕事をしていくうえで、大切にしている『こだわり』ってなんですか？」

と松場氏がお聞きしたところ、「貢献」というキーワードが出てきたそうです。

そこで、「会議で発言をすることは、誰に貢献していることになりますか？　もしくは誰か喜んでくれる人はいますか？」と聞いたところ、その若手社員の表情がガラッと変化したそうです。これこそ、上司からの期待という「やらなくてはいけない」と感じていたことが、「やりたいこと」に変化した瞬間です。

私は、人のエネルギーには限界があると考えています。「やらなくてはいけないこと」をやるには、相当なエネルギーが消費されるので、長続きしません。しかも、「やらなくてはいけないこと」をやろうとすると、「やること」が目的となってしまい、本来の目的を見失ってしまうことが往々にしてあります。

さきほどの会議の場での発言を例にすると、「会議の場で最低でも1回は発言する」というのは、本来は手段であるはずなのに、目的となってしまうことが往々にしてあります。たとえば、「仕事に対して積極的に取り組み、周囲の人を巻き込みながら仕事ができるようになる」といった本来の目的を見失ってしまうことになるのです。

現実的には、すべての組織の目標を個人の思いと一致させることは難しいと思います。しかし、本人が楽しく仕事をするためにも、そしてその結果が組織の目標の達成へとつながるようにするためにも、リーダーはメンバーの**「価値観」**や**「こだわり」を理解し、可能な限り、組織の目標とリンクさせること**が求められます。

長所を伸ばすか？　短所を克服するか？

目標の設定は、大きく**「長所を伸ばすべきか？」「短所を克服するか？」**という2つに分かれます。これは人材育成にとって永遠のテーマの1つかもしれません。

一般的には、長所を伸ばすのがリーダーの仕事と言われることが多いようですが、私はその考えに同意できる部分と、ある意味きれいごとだと感じている部分があります。

基本的な考え方として、長所は絶対に伸ばすべき、活かすべき、そこを土台とすべき、だと考えており、そこに異論はありません。しかし、短所についても注目して、2つに分けるべきだと考えています。それは、短所を**「できないこと」**と**「やってこなかったこと」**に分けるというものです。

「できないこと」は、やってもできないことですから、そこを何とかしようとするのは時間の無駄です。もう1つの**「やってこなかったこと」**をどうするのかが成長のポイントに

「やってこなかったけれど、やればできること」を伸ばす

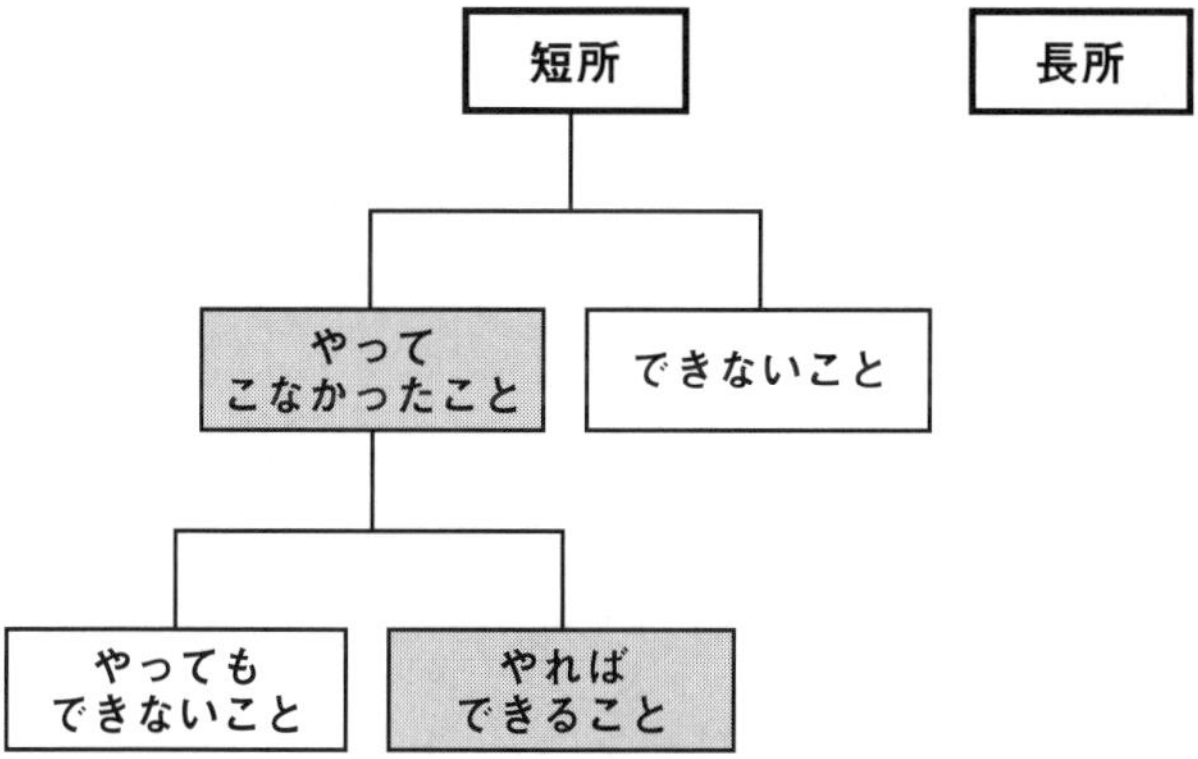

なると私は考えています。「やってこなかったこと」は、今まで機会がなかったり、やることができる環境にいなかったりしたことが原因で、短所として分類されているものです。

この「やってこなかったこと」は、さらに**「やってもできないこと」**と、**「やればできること」**の2つに分けられます。この**「やってこなかったけれど、やればできること」に、大きな成長のきっかけが隠されている**ことがよくあります。

アメリカンフットボールにクォーターバックというポジションがあります。野球にたとえるならば、エースピッチャーのような存在で、パスを投げることと走ること、両方の役割が求められるポジションです。

あるクォーターバックの選手が、私のコーチをしているチームにほかのチームから移籍をしてきました。彼は走ることが非常に得意な選手でしたが、パスは期待されておらず、前のチームではほとんどパスを投げさせてもらえていませんでした。

しかし、その彼の新しく担当となったコーチは、「彼はパスを投げられるようになるはずだ。今までちゃんと教わったことがないだけだと思う」と言っていました。

実際に、その後、彼はパスを投げられるようになり、日本代表にも選ばれるような選手へと成長していきました。パスが投げられるようになると、プラスのことばかりでした。というのも、それは彼のもともとの長所であるランプレーが、より相手に脅威を与えるようになったからです。今までは、彼と対戦するチームが考えることは、「彼のランプレーをどう止めるか」でした。しかし、パスを投げられるようになったことによって、ランプレーだけではなく、パスプレーも止めることを考えなくてはいけなくなり、彼の持ち味であるランプレーの脅威がさらに増しました。

漫画『スラムダンク』（井上雄彦／集英社）でも、試合で1対1の勝負にこだわっていた流川《るかわ》選手が、パスをすることによって、大きな成長を遂げました。流川選手の監督である安西先生は、

「いくつかの選択肢があってこそディフェンスは迷う。フェイクにもかかる！」

と言っていました。選択肢が複数あることによって、その後の1対1の戦いを有利に進めるきっかけとなったのです。

このように、**「やってこなかったけれど、やればできること」を見極め、できるようになると、メンバーの本来の長所がより強化される**ことがよくあります。

ビジネスの現場でも似たような場面に遭遇します。ある営業の若手リーダーの方々に対して、リーダーシップについての研修をしたときに、人事の方から、次のような相談を受けました。

「Dさんをよく見ていただけますか？　チームをうまくまとめられず、現場が混乱しているようなので……」

研修中のDさんの様子を見ていると、物怖じせずに自分の意見をストレートに言えることが長所であると感じました。リーダーとしては非常に大切な資質だと思います。しかし、周囲の意見を聞くことが苦手なようで、研修中のグループディスカッションでの様子を見ていると、ほかの人の発言を遮って自分の意見を主張する場面がよく見られました。

Dさんがおっしゃっていたことは、私が感じる限りは的確だと思いました。しかし、ディスカッションをしている同じグループの方々は、その意見を素直に受け入れることができていないように感じました。

休憩時間中に、Dさんと個別に会話をさせていただくことにしました。

「Dさんは的確な意見を言っていていているように感じますが、ほかのメンバーの方は素直に受け容れているようには見えません。ふだんのお仕事でも似たようなことが起こっていませんか？」

するとDさんは、こうおっしゃいました。

「たしかにそういうことはあります。営業会議などで部下に方針を明確に示しているつもりなのですが、部下の納得度が低いように感じることがよくあります」

そこで私は、次のようにアドバイスをしました。

「Dさんの強みは、しっかりとしたご自身の意見を持っていることと、それを周囲にストレートに発信できることだと思います。一方で、周囲の人の意見を聞くという部分が弱みであるように感じます。その弱みが邪魔をして、Dさんの強みが強みとして活きていない印象があります。せっかくの強みが、逆に『頑固』であるといった弱みとしての印象を周囲の人に与えている可能性があります。ご自身の強みを強みとして活かすために、人の話を遮らずに、最後までしっかりと聞く、ということを意識してみてはどうでしょうか？」

後日、人事の方にDさんのお仕事ぶりをうかがうと、かなり意識して部下の方々の意見に耳を傾けるようにしているようでした。それにともない、部下の方々もDさんの意見を少しずつ受け容れるようになっていき、現場の雰囲気が徐々に改善されていっている様子が見受けられる、とのことでした。

心理学に**「返報性」**という考え方があります。簡単に言うと、「相手に何かをしてもらったら、お返しをしたくなる心理メカニズム」です。さきほどのDさんでいうと、周囲の人の話を聞くことにより、「Dさんが私の話を聞いてくれたから、私もDさんの話を聞こう」という、返報性の心理が働いて、Dさんの意見を周囲の人が受け容れてくれる可能性が高くなります。

その一方で、Dさんのケースとは逆ですが、周囲の人の話を聞くことが得意だけれど、せっかくいい意見を持っているのに、周囲の人に発信できずに、仕事上の成果につなげられていないケースもよく目にします。

私が研修講師としてお世話になっている、株式会社リンクアンドモチベーションのグループ会社である株式会社リンクイベントプロデュースの代表取締役社長の一色顕《いっしきあきら》氏は、「2本足で立つ」ことの重要性を説いています。

「得意なことを伸ばすのは当たり前。しかし、苦手なことが極端過ぎると、得意なことが活きないことがある。野球でたとえるなら、内角のストレートには滅法強いが、外角のカーブがくると、まったく手が出ないのでは、外角のカーブだけで攻略されてしまう。なので、苦手なことでも致命傷にならないようにする必要がある。たとえば、外角のカーブをファールで逃げられるようにしておくと、失投が内角にくるのを待てるようになる」

苦手なことをある程度克服しておくことで、得意なことがさらに活きるようになる、とおっしゃっています。

そもそも、**成長とは「できないことが、できるようになること」**であり、長所か短所かは表面的な結果論であることがよくあります。周囲の人から見て一面的に、成果を出せている要因を長所として認識し、成果を出せていない要因を短所として認識することが多いように感じます。

長所と短所は表裏一体であることがよくあります。「信念がある」という長所は、あるときは「頑固」といった短所に受け取られることがあるでしょう。「協調性がある」という長所は、「自分の意見をはっきり言わない」という短所にとらえられることもあると思います。

大切なのは、**長所か短所かではなく、その人のオリジナリティやスタイル、つまりその人なりの特性を大切にする**ことです。そのオリジナリティやスタイルをベースとし、その人がよりよい成果を出せるために、長所や短所といった狭義的な視点にとらわれずに、成長のサポートをすることが、リーダーには求められているのです。

コーチングだけでは人を育てる限界がある

人材育成のスキルとして代表的なものに「傾聴のスキル」と「質問のスキル」を代表とした**「コーチングのスキル」**があります。

コーチングのスキルについては、すでにいくつか触れていますが、具体的な内容を簡単に説明をすると、**「話を聴くこと（傾聴のスキル）」と「質問をすること（質問のスキル）」によって、その人のなかにある可能性や答えを引き出すことを目的としたスキル**です。

コーチングのスキルは、実際に私も人材育成の現場で活用しており、非常に有効なスキルであると感じています。

フィル・ジャクソン氏も傾聴のスキルに対して、何度かご紹介した著書『シカゴ・ブルズ 勝利への意識革命』のなかで次のように述べています。

「厳しくすることが必要な場合もあるが、私はリーダーの最も重要な資質の一つは、判断することなく聞くこと、すなわち、仏教で言うところの『心を空にして聞く』ことだと早くに学んだ。これは簡単に聞こえるが、実際にはむずかしい。（中略）私がやらなければならないと思うことを押しつけるよりは、偏見のない、あけっぴろげな意識を持っている時の方が、選手達の関心事をよりよく感じ取れることができるのがわかった。そして、逆説的だが、私が後ろに下がってただ聞いている時に、コートではよりよい結果が得られるのだった」

また、アメリカ最大級の鉄鋼メーカーのニューコア・コーポレーションが破産の危機に瀕した1965年に39歳の若さで社長に就任し、全米第2位の鉄鋼メーカーにまで押し上げた、ケン・アイバーソン氏は、著書『PLAIN TALK』（日本語訳『逆境を生き抜くリーダーシップ』海と月社）のなかで、次のように述べています。

「私が心がけるのは、社員の話に耳を傾けることであって、問題を解決することではない。事実を把握し、彼らの言い分を話してもらい、どう感じているか、それはなぜなのかをじっくりと聞く。管理職の人間や重役のほとんどは完璧な答えをしなくてはならないと考えがちだが、電話の主が本当に求めているのは、ずばり、聞いてもらうことだ」

また、サンタクララ大学リービー経営大学院のリーダーシップ論の教授である、ジェームズ・M・クーゼス氏とバリー・Z・ポズナー氏は、著書『The Leadership Challenge』(日本語訳『リーダーシップチャレンジ』海と月社)のなかで、同じようにリーダーが傾聴力を養うことの重要性を説いています。

「リーダーの強化すべき力のひとつに「聞く力」がある。(中略)最高のリーダーはすばらしい聞き手だ。彼らはメンバーの言葉や感情に注意を払う。(中略)リーダーはメンバーが求め、重んじ、夢見ているものを敏感に察知する。この種の感受性は決して取るに足らないものではない。むしろ、人間らしい、すばらしい能力だ。そして、この能力は、コツさえつかめば誰にでも発揮できる。肝心なのはメンバーを受け入れ、彼らの意見に耳を傾けることだ」

さきほどもご紹介した、ウォレン・ベニス氏も、著書『LEADERS』のなかで、すぐれたリーダーが発揮している重要な能力の一番目として、同様のことを述べています。

「自分の理想を押しつけるのではなく、ありのままの相手を受け入れる能力。ある意味では、これこそ究極の知恵と言えるかもしれない。相手を判断するのではなく、相手の『なか』に入り、相手の立場でその人を理解するのだ」

これらのように、ビジネス界、スポーツ界問わず、話を聴くことの重要性を説く識者は枚挙にいとまがなく、私も大変重要だと感じています。

一方で、コーチングのスキルだけで人材育成をすることに対して限界も感じています。もともと私は高校のアメリカンフットボール部のコーチをしていたこともあり、若手や経験の浅い選手を育成するのを得意としていました。しかしあるとき、経験の浅い選手をうまく育成できていない自分に気がつきました。「なぜだろうか？」と考えていたときに、当時のチームのヘッドコーチに言われて、ハッとした経験があります。

「もっと、ちゃんと教え込んで、やらせる必要があるんじゃないか？　時には選手の考えを聞き過ぎずに、無理矢理でもいいからやらせることが効果的なこともある。経験の浅い選手は、考えられることも浅いことがよくあるから」

当時はコーチングのスキルを学び、自分のなかでアメリカンフットボールのコーチとしての新しいスタイルを模索していた時期でした。

日本の伝統芸能や武道の世界に、**「守破離」**という言葉があります。

・守　まずは型を修得する
・破　型を完全にマスターしたら、型を少しずつ破る
・離　そして、最終的には型から離れて、自分なりの型を作る

現在、私はアメリカンフットボールのコーチとして、またビジネスパーソンの成長をサポートする立場として、人が成長するプロセスとして、この「守破離」を大切にしています。

人が成長するにあたって、**まずは基本を学び、基本をマスターしてから、少しずつ自分なりの考え方ややり方を加味していき、そして最終的には自分自身のスタイルを築いていくことが、最も効率のよい成長のステップである**、と私は考えています。

基本がしっかりしていない状態でも、もちろんうまくいくときもあるでしょう。例外的に、自己流や経験則だけで成長し続け、成功している人もいると思います。しかし、それはあくまでも例外であり、多くの場合は、基本を大切にすることにより、大きく成長をします。というのも、**基本という土台がない状態では、成長に限界があったり、うまくいかなくなったときの修正が難しかったりする**からです。

この「守破離」のそれぞれの段階において、育成者側に求められるスキルは当然変わっ

てきます。「破」「離」の段階では、コーチングのスキルが有効に機能することが多いと感じていますが、「守」の段階では、ティーチングのスキルも必要不可欠です。そして、どの段階においても、**「観察のスキル」**（153ページ）や、感じたことを率直に伝える**「フィードバックのスキル」**が求められます。

また、人の成長をサポートするためには、先述したように「教えること」「気づきを与えること」「経験させること」、この3つの要素が必要であると私は考えています。コーチングだけでは、2つ目の「気づきを与えること」が主となり、ほかの2つのアプローチが希薄となりがちです。リーダーには、これらの人材育成のスキルを必要なタイミングで使い分け、メンバーの育成をサポートすることが求められます。

人は、ノドが渇いていないと水を欲しない

いくら基本が大切だからと言っても、**教わる側に、教わるスタンスができていない状態だと、なかなか効果が出ません。**人は基本的に、自分の思う通りにやりたいと思うもので、変化することを嫌うものです。

ですから、**教える効果率を上げるためには、まず教わる側のスタンスを作る必要があります。**ノドが渇いていない人にいくら水を出しても飲みません。水を飲みたいと思う状態を作るためには、まずは**ノドを渇かせる（または、渇いていることに気づかせる）アプローチ**が重要になってきます。そのような意味では、時には基本ができていなくても、周囲に迷惑が掛かったり、悪影響を及ぼしたりするような状況でなければ、ある程度、自分自身が限界を感じるまでは、自分のやり方で思うようにやらせることも必要です。

大リーグで活躍しているイチロー選手の振り子打法や、野茂投手のトルネード投法は、

一見すると基本から大きく外れたフォームに見えると思います。しかし、仰木元監督は、そのフォームを正そうとするコーチに対して、「そのままやらせろ」と言って、一軍で起用し、才能を開花させました。

当時のイチロー選手は、打撃フォームを改造しようとしたコーチに対して、「自分を殺して相手に合わせることは、僕の性に合わない。まして上からいろいろ言われて納得せずにやるなんてナンセンスだと思います」と語ったと言われています。このコメントを見る限り、イチロー選手は「ノドが渇いていない状態」であり、しかも2軍で首位打者を獲得するなど、しっかりと成果を残していました。

基本を教えることはもちろん大切ですが、それ以上に**タイミングが重要**です。自分が「教えたい」と思っているタイミングで教えるとうまくいかない、というケースがよくあります。自分が「教えたい」と思ったタイミングは、メンバーのためというよりも、教えたいというリーダーの欲求を満たすことが目的になってしまいがちだからです。

ビジネスの現場でも同じようなことが起こっています。私の新入社員時代、私と同じ部署の同期は、先輩から「なんでおまえは教えた通りにやらないんだ！」と、よく怒られていました。居酒屋のサラリーマン同士の会話を聞いていても、「そういうとき、俺は○○

してきたよ」と、上司が部下に熱く語っている姿を目にすることがあります。

これらは、コミュニケーションという側面では決して悪いことではありません。もちろん、後輩にとって成長のきっかけとなることもあるでしょうし、そのときはわからなくても、時間が経ってから、血となり、肉となり、骨となることもあると思います。

リーダーにとって何より大切なのは、メンバーのためを思い（利他意識）、メンバーにとって本当に必要と思えるものを教えることです。 時にはあえて教えずに、我流のやり方で自由にやらせ、自分自身が限界を感じるまで見守るか、またはメンバーが見えていない未来を気づかせることにより、現状と未来のギャップを認識させるなど、いわば「ノドを渇かせるアプローチ」をして、教える土台を作ってから教えることが必要なときもあるのです。

リーダーは、**「自分の知らない世界」が常に存在している**ことを同時に意識することも重要です。このことについて、フィル・ジャクソン氏も著書『シカゴ・ブルズ 勝利への意識革命』のなかで、「自分が知らないということを知っている限り、私は、チームにとってひどく有害な存在だということはないだろう」と述べています。

成果を出している限りは、自分が基本だと思っていることを押しつけるのではなく、見守ることが必要なケースもあるでしょう。いずれにせよ、相手の状態を見極めることです。

「伝える」と「伝わる」はまったくの別物

「伝える」と「伝わる」はまったくの別物であり、**何を「伝えるか」ではなく、どのように「伝わったか」が、コミュニケーションの結果である**、とよく言われています。「教え方」の基本もまさにここが肝になります。

ある学習効果についての調査では、「聞いたこと」は10％程度しか頭に残らないが、「見て聞いたこと」は50％程度頭に残り、「声に出したこと」は90％も頭に残るという結果があります。私の経験からもインプットをするときに、可能な限り視覚に訴え、インプットした内容を声に出す（アウトプット）ことが、学習効果を高めることにつながるのは間違いがないように感じます。

私は、アメリカンフットボールの勉強のために、不定期にアメリカの大学のアメリカンフットボール部を訪れ、ミーティングや練習を見学させていただいたり、コーチと情報交換をさせてもらったりしています。

アメリカの大学のチームには、数多くの優秀なコーチがいらっしゃいますが、そのなかでも、とりわけ私の心に残っているコーチの1人として、ウィスコンシン大学のコーチであるアンディ・ブー氏がいます。

彼からは数多くのことを学ばせていただきましたが、そのなかでも、とくに戦略や戦術を選手に遂行させるためのメソッドには興味深いものがありました。アメリカンフットボールのゲームの勝敗を左右する要素の1つとして、戦略や戦術があります。しかし、どんなにいい戦略や戦術を考えたとしても、それを実際に選手がフィールドで体現してくれなければ、意味がありません。

アンディ・ブー氏は、戦略や戦術を選手に浸透させることに長けていました。選手に戦略や戦術を遂行させるためにどのように工夫しているかを彼に聞いたところ、次のように話してくれました。

「まずはしっかりと教えることが大切。そしてその後は理解度を確認する。最終的には、選手に私が教えてもらうようにアプローチする。この3つのステップが選手の理解度を深めることにつながる」

それぞれのプロセスを具体的に見ていきましょう。

①教える

アンディ・ブー氏の教え方の特徴は、ビジュアルに訴えることでした。可能な限り、ホワイトボードや映像を利用し、視覚に訴えながら、大切なポイントを何度も繰り返していました。

最も印象的だったのは、言葉のリズムです。独特のリズムで、同じフレーズを数回繰り返すことが多く、ミーティングが終わった後も、頭でその言葉が自然とリフレインされていることがよくありました。

ミーティング中のアンディ・ブー氏の言葉のリズムを聞いていると、「ポリンキー」「ドンタコス」といったCMや「だんご3兄弟」などをヒットさせた、メディアクリエイターの佐藤雅彦氏が、「同じフレーズを繰り返すことにより、言葉が人の記憶に留まりやすくなる」といった主旨のことを述べていたことを思い出しました。

また、時には、1つの表現をするのに、あえて複数の言葉を使い分けていました。「低く動け」ということを伝えるときに、ただ単に「低く」と伝えるだけでなく、「膝を曲げろ」

「胸を相手に見せるな」「上目使いで相手を見ろ」などと、言葉を変化させていました。これは、**「言葉の受け取り方は人によって違う」という前提に立ち、自分と相手のイメージを一致させられるように工夫している**のだと感じました。

私は、この言葉を変化させることは非常に重要であると考えています。人によって言葉の受け取り方はさまざまです。つまり人によって理解しやすい言葉と、そうでない言葉が存在しています。したがって、ある1つのことを教えるときに、教える側は複数の言葉を用意しておく必要があります。

②理解度を確認する

教えた後に、選手がどう理解したかをアンディ・ブー氏は必ず確認していました。確認をするためには、選手にアウトプットしてもらうことが必要です。その際、**「発言」**と**「行動」**という2つの側面に対してアプローチをしていました。

「発言」については、教えた直後に、その場で簡単な質問を投げ掛け、選手1人ひとりに答えさせていました。たとえ、その場で間違った回答をしたとしても、決して怒らず、柔和な表情を浮かべて、明るい雰囲気で、粘り強く回答が出るまで、選手にアプローチをしていました。選手は、まるでクイズに回答しているかのように、その場を楽しんでいるように感じました。

「行動」については、ミーティングが終わった後にグランドに出て、1つひとつの動きを細かくチェックしていました。お互いが口頭レベルで理解をできたと感じていても、行動レベルで確認をしたときに、イメージや認識のズレが見つかることがよくあります。

お互いが理解したつもりになっても、実際に理解しているかどうかは、行動レベルでチェックするまではわからない、というのが大前提です。

③教えてもらうようにアプローチする

選手の理解が深まり、コーチと選手のイメージが一致したら、今度は選手が**忘れないように、定期的にリマインドをする**必要があります。

アメリカンフットボールでは、ほとんどすべての練習をビデオで撮影し、コーチはミーティングに必要な映像のみをピックアップして編集し、選手と編集した映像を観ながらミーティングをします。アンディ・ブー氏は、時折わざと自分が忘れたふりをして、「このときはどうするんだったっけ?」などと、とぼけて選手に質問し、選手がアウトプットする機会を設けていました。

何かを教える、ということは、「伝えたい」内容が、「伝わり」、それが行動レベルで「実践」され、そして最終的に定着、つまり習慣化する段階までいって初めて教えるという目標が達成されたことになります。

ビジネスの現場を見てみると、「一度教えたことはできるようになって当たり前」という前提があるように感じます。もちろん、教わる側としては、この前提に立つ必要がありま す。しかし、教える側は、逆に「自分の伝えた内容が１００％相手にそのまま伝わることはありえない」という前提に立ち、行動レベルでのチェックを怠ってはなりません。

「観察」とは主体的に、客観的にするもの

「観察すること」。これはリーダーがメンバーの成長をサポートするにあたって、大変重要なスキルです。

プロ野球の野村克也元監督やサッカー日本代表女子監督の佐々木則夫監督など、選手を観察する力に長けていると言われているスポーツの指導者は数多くいます。中日ドラゴンズ元監督の落合博満氏も、著書やインタビューで、監督が選手を観察することの重要性をしきりに説いています。テレビのインタビューのなかでも、

「選手はSOSを出している。監督はそのSOSを見逃さずにちゃんと見てあげるべき」

という主旨のことをおっしゃっていました。

観察は、具体的には次のような意識をもってやります。

・メンバーが今どういう状況にあるのか？
・何を課題として何を意識して取り組んでいるのか？
・何か壁にあたっていることはないか？
・その壁は自分で乗り越えられるのか？
・それとも、サポートが必要なのか？

リーダーはメンバーを観察すればするほど、いつ、どのような形でメンバーに関わるのが最適なのかを判断するヒントを手に入れることができます。そのような意味では、観察のスキルは、「人材育成のベースとなるスキル」とも言えるかもしれません。

私は観察のスキルには4つのステップがあると考えています。

第1のステップが**「感じること」**。第2のステップが**「感じた根拠となる事実を探すこと」**。第3のステップが**「その事実の背景にある理由を推察すること」**。そして、第四のステップが**「アクションをとること」**です。具体的には次ページのようになります。

①感じる

感じるためには、文字通りまずは感性を磨く必要があります。そのような意味では、熟練度が求められるスキルです。観察のスキルを向上させるためには、とにかく自分が現場で**テーマを持って意識的に観察すること**。「同じ場面を見たほかの人の目にはどのように映っていたか？」を後で聞くなどして、自分の「観察眼」のクセを把握することが重要です。

②感じた根拠を探す

これは「感じたこと」、つまり**主観を事実ベースにブレイクダウンすること**です。何かを感じたからには、その根拠があるはずです。その感じた根拠を事実ベースで探す、というものです。

たとえば、アメリカンフットボールの練習中に、選手が「何となくやる気がない」と感じることがあります。そんなときに、こうは言いません。

「おまえら、やる気が感じられん！　もっとやる気を出せ！」

なぜなら、「やる気が感じられない」のは、観察の結果を解釈した自分の主観であり、「もっとやる気を出せ！」と言っても、選手を困惑させる可能性が高いからです。そんなときに、私が心掛けているのは、「なぜ、やる気が感じられないのか？」という、原因を探るべく、さらに観察を続けることです。

観察の結果、「やる気がない」と感じたとしたら、非常に重要なヒントを手にしたも同然です。たとえば、さきほどの「練習中にやる気が感じられない」ときは、その原因を探ってさらに観察を続けると、たとえば、練習と練習の合間をジョギング（ジョグ）で移動していなかったり、練習中にお互いに声を掛け合っていなかったりすることがよくあります。

③根拠の背景にある理由を推察する

感じたこと（主観）を事実ベースでとらえ直したら、**その現象を引き起こしている理由を推察します。**たとえば、練習と練習の合間をジョグで移動していないのであれば、その理由として、「疲労がたまっている」「気象条件（暑さや雨）に影響を受けてしまっている」「無意識のうちに歩いてしまっている」などが考えられます。

お互いに声を掛け合っていないのであれば、「新しい戦略や戦術を考えることに精いっぱいで、周囲のことまで気が回っていない」なども考えられます。

ここで大切なのは、**考えた理由はすべて仮説である**ということです。

④アクションをとる

そして、推察した仮説に対して、必要に応じてメンバーに働き掛けをします。これが第四のステップ「アクションをとる」ということです。メンバーにフィードバックするときには、可能な限り**行動レベルで伝えます。**

たとえば、さきほどのアメリカンフットボールの練習中の例で言うと、「しっかりとジョグで移動して、練習のリズムを自分たちで作っていこう」であるとか、「今日は少し元気がないように感じる。お互いに声を掛け合って、楽しく練習していこう」などと、行動レベルでの改善を伝えるようにします。

ビジネスの現場ならば、たとえば、リーダーから見て、部下である営業マンが「ここ最近、やる気がなさそうだ」と感じたとします（第1のステップ）。

そうしたら、第2のステップである「感じた根拠を事実ベース」で探しましょう。たとえば、「この1週間の訪問件数が通常よりも落ちている」「朝の出社時間がいつもよりも遅くなっている」「朝いつも元気よく挨拶をしていたのに、ここのところ目を見て挨拶をしなくなった」など、何かしらの変化を事実ベースで見つけることができるはずです（第2

のステップ）。

根拠となる事実を把握できたら、第3のステップである、「根拠の背景にある理由を推察」しましょう。

そして、その仮説に基づいて、第4のステップの「アクション」をとり、事象が改善させるまで、必要に応じて、①〜④のステップを繰り返してください。観察のスキルは、見て、感じることからすべて始まります。

「客観的な評価」なんて本当はない

「評価すること」は、リーダーにとっては重要な仕事です。正しく評価することにより、メンバーのやる気や能力を引き出すことが可能となります。しかし、言葉通りに「正しく評価する」のは、非常に難しいと私は感じています。

「正しい評価」とは、いったいどのような評価なのでしょうか？ **評価とは、人が人を価値判断することであり、そこには必ず主観が混ざります。**つまり、主観が混ざるということは、「客観的な評価」というものは、そもそも存在しないのです。

数字が唯一の客観的な評価基準だとよく言われます。しかし、営業の目標予算を例にとると、そもそも予算の数字の設定から主観が入っていることが多いように感じます。

私が会社員時代に営業をやっていた頃、目標となる予算のノルマは、だいたい前年比の150％前後で設定をされていました。なぜ、前年比150％なのか？ その設定の根拠には、「目標は毎年ストレッチ（従来の改善では達成できない高い目標を設定し、チャレンジすること）させるべき」という主観が入っていました。

目標をストレッチさせて立てること自体はよいとしても（これも主観ですが……）、「なぜ、150％なのか？」ということにはさしたる根拠はないようでした。会社の売上目標が上がっているから、全員で負担を分け合う、といった主旨だったと記憶しています。

その、さしたる根拠もない数字の達成度合いに応じて、営業としての評価が決まるわけですが、営業の売上には、ラッキーパンチ的に入ってきた大型の売上もあれば、コツコツと積み上げてきた少額の売上もあり、時には会社の上層部から紹介されたお客様からの売上などさまざまな背景があります。その背景をいっさい加味せずに評価する、という主観も存在すれば、それらの数字の背景まで加味して評価する、という主観も存在します。

スポーツの世界では、選手は常にコーチの評価にさらされています。定期的に一軍と二軍の入れ替えがあり、プロスポーツの世界では、「戦力外通告」なるものまで存在します。選手はコーチの主観によって、人生までもが左右されかねない状況にあるのです。

アメリカンフットボールの日本代表チームは、通常60人前後の選手が「代表候補選手」

として招集されます。練習や試合を通して大会の直前に45名に絞られますが、２０１１年の日本代表チームのヘッドコーチを務めた森清之氏は、「代表候補選手」である60名の選手に対して、次のように明確に伝えていました。

「チャンスの数は平等ではない。人によってはチャンスの数が少ないかもしれない。たまたま活躍した選手が、たまたまコーチの目にとまって代表選手として残ることができるかもしれない。本来は力があるのに、たまたまミスをしてしまって、それが原因で落とされるかもしれない。本来は力があるのに、たまたまチャンスがなく、コーチにアピールすることができないかもしれない。でもスポーツとはそう言うものだ。スポーツとは不平等なものだ」

中日ドラゴンズの落合元監督も、著書『采配』（ダイヤモンド社）のなかで、次のようにおっしゃっています。

「若手の中から誰を抜擢するか。それは、実績だけではなく、運や巡り合わせのようなものも絡んでくるだろう。だが、実績を残したのに一軍から声をかけられなかった選手にしてみれば、やり切れない気持ちの矛先は私に向く。不運にも、その後は目立つ実績を残せず、何年かして自由契約を通告したのも私となれば、『落合が監督じゃなければ、俺も活躍できたかもしれないのに』ということになる。
乱暴な書き方かもしれないが、それがビジネスの世界の現実だ。実力第一、成果主義、好き嫌いで人を使わないとはいえ、チャンスをつかめるかどうかには運やタイミングもある。これも事実だ」

つまり、**評価とは、ある意味、リーダーの主観がメンバーの命運を左右する側面を有しています**。この前提が、評価するのが難しい理由です。それゆえ、客観的な評価というものは存在せず、リーダーの主観による評価のみが存在する、と割り切ってしまったほうが、メンバーの納得度を高めることにつながる、と私は考えています。

このように、「評価」というスキルは、実は難しく、かつメンバーの人生に大きな影響を与えるにもかかわらず、それを理解せず、評価面談を作業のようにこなしていくビジネスリーダーの方が少なからず存在していると感じています。

このことについて、さきほど紹介したジェームズ・M・クーゼス氏とバリー・Z・ポズナー氏は、著書『The Leadership Challenge』のなかで、次のように述べています。

「メンバーの仕事ぶりを話し合いたいなら、年一回の勤務評定を待つ必要はない。そのころにはフィードバックが効果を発揮する時期はとうに過ぎている」

さらに、「月に1回リーダーとメンバーがお互いに関する情報を交換し、『改善点を学ぶ場』を持つことが重要である」と主張しています。

ビジネスでもリーダーは、ただでさえ忙しいなか、定期的にメンバーを評価する必要があるにもかかわらず、時には優先度が下がってしまうことがあるかもしれません。まずは今一度、リーダーとしてメンバーを評価するということの意味合いや、メンバーの人生に与えるインパクトを鑑《かんが》みてはいかがでしょうか？

「ほめる」というのは、実は難易度の高いスキル

現在、世の中全般的に、「ほめること」がよいこととされる風潮があるように感じます。もちろん、ほめられることによってモチベーションが上がったり、勇気づけられたりした経験は多くの方が経験していると思います。とくに、自分に自信のない分野でほめられることは、素直にうれしく感じることが多いのではないでしょうか？

しかし、一方で、「あなたがほめられたときに、同じようにほめられても、素直にうれしく感じる人と、なぜかあんまりうれしくない人がいませんか？」という、CHAPTER1でお伝えしたこの問いに対して、私の統計では約6割の人が「YES」と回答しています。つまり、ほめることがよいとされる風潮がありながらも、ほめることによって相手のモチベーションが上がるケースもあれば、そうでないケースも相当数存在しているのです。それはなぜでしょうか？

「ほめる」スキルは、非常に難易度が高く、危険なスキルであると私は感じています。なぜなら、**「ほめる」という行為は、相手の行為を評価していることになるので、どうしても「上から目線」を相手に感じさせてしまう**からです。とくに、ほめられる側が自信を持っている専門分野では、この危険性は高まります。

ある有名なプロ野球のホームランバッターは、投手出身の監督にほめられたときに、「あいつにバッティングの何がわかるんだ?」と言っていたそうです。

また、私が若手の営業研修の講師をさせていただいたときに、受講者の1人が、「このあいだ大型の案件を受注して、先輩から『おまえ、すごいな!』って言われたんだけど、『そりゃあ、あんたよりすごいけど、何か?』って思っちゃったんだよね」と、休憩時間に会話しているのが耳に入ってきました。そもそもこう受け取る方もどうかとは思いますが、リーダーとしては時と場合によっては、「ほめる」ということが相手にこのように感じさせてしまう危険性がある、ということは理解しておく必要があります。

「ほめる」ことについて、プロ野球の野村克也元監督は、雑誌『Number 773号』のインタビューで、こうおっしゃっています。

「ホメていいことなんか、あるのかね? 私は選手時代にほとんどホメられたことはなかったし、監督になってからも簡単にホメたりしなかった。よくよく考えるとホメるって怖いことなんだ。どこを評価するのか、それによって自分の見識や能力をさらけ出すことにつながるから（中略）下手にホメると、選手からの信頼を失ってしまう」

つまり、「ほめること」の危険性は、大きく分けると、**「相手がその分野に自信を持っていて、かつほめた人よりも自分のほうが実力が上だと思っている場合に反発を招く危険性がある」**ケースと、**「ほめることにより、自分の見識や能力の低さを露呈してしまう可能性がある」**という2つのケースに分類されます。まずは、この「ほめること」による弊害を理解しておく必要があります。

私の定義では、一般的に言われている「ほめる」というスキルは、感じたことを率直に伝える「フィードバックのスキル」の1つと位置づけています。「ほめる」に替わるフィードバックのスキルとして、私がお薦めしたいのは、**「感謝」**と**「承認」**です。たとえば、さきほどのホームランバッターに、投手出身の監督が、「おまえ、すごいな」という代わりに、

「あの場面でのホームランはチームを救ってくれた。本当にありがとう」

と感謝をしていたら、このホームランバッターはどのように感じたでしょうか？　もし

くは、「おまえが味方でよかった。本当に心強く感じている」と伝えていたら……。

このようなメッセージは**「I Message」**と言われています。主語が「私」で始まるメッセージです。

「あの場面でのホームランはチームを救ってくれた。本当にありがとう（私は本当に感謝しています）」

「おまえが味方でよかった。（私は）本当に心強く感じている」

「I Message」は、**自分の感情や気持ちを相手に伝えているので、相手に抵抗感なく受け取ってもらえる可能性が高くなります。**

「I Message」に対して、**「You Message」**というものがあります。主語が「あなた」になっているメッセージです。たとえば、さきほどの「おまえ、すごいな」というほめ言葉は典型的な「You Message」です。「何がすごいのか？」という具体性に欠け、かつ「上から目線」を感じさせてしまう言葉なので、状況によっては相手に抵抗感を生じさせてしまう可能性があります。

そして、「承認」には、**結果承認、事実承認、存在承認**があります。「結果承認」は、まさに結果が出たときに承認をするものです。「目標達成おめでとう」など、結果が出ているのをリーダーとしてちゃんと見ていることを伝える効果があります。しかし、「結果承認」は、結果が出ていない人には承認できません。

そこで、**必要となってくるのが事実承認です。**「事実承認」とは、見た事実をそのまま言葉にして相手に伝えるだけです。「営業の訪問件数が増えてきたね」「ここ最近、出社時間が早くなったね」「こんな営業トークもできるようになったんだね」などと相手が意識して取り組んでいることの変化を見逃さず、その変化の兆しを口に出して伝えることにより、その行動を促進させることにつなげます。

ビジネスリーダーを対象とした研修で、私はこの「事実承認」の重要性をお伝えし、部下に対して「事実承認できること」をリストアップしてください、とお願いすることがあります。すると、「事実承認できることが見つけられない」ことに気づくビジネスリーダーがよくいらっしゃいます。この「事実承認」をするためにも、日頃のメンバーの行動をよく観察をしておく必要があるのです。

「存在承認」とは、その人の存在そのものを承認することであり、日頃から声を掛けたり、挨拶をしたり、もしくはただ単に名前で呼んだりすることも、「存在承認」となります。

これらの「感謝」や「承認」も大脳生理学で言われている人間の三大欲求の1つである

集団欲を満たすことになります。**感謝や承認をすることは、リーダーがメンバーを集団にとって必要な存在であると認めていることにつながるので、メンバーの安心感や安定感を生み出す効果があります。**とくに、自分に自信の持てない人は、他人からの感謝や承認により、一時的な自信を手に入れることができ、そうすることによって、自らの言動を加速させることができるようになります。

一方で、「ほめることによってメンバーが満足してしまい、向上心を失わせてしまうのではないか？」という心配から、あえてほめないようにしているリーダーもいらっしゃるかもしれません。しかし、そのようなやり方によって、自分に自信の持てないメンバーの成長が鈍化することがよくあります。

このようなケースでお薦めしたいのは**「YES, and」法**です。

「意識して取り組んできたおかげで、こういうところがよくなったね。だから、ここが伸びればもっとよくなるよね」

このように、**承認しつつ次の課題を示唆する**ことにより、満足して向上心が失われるのを防ぐことができます。一般的に言われている**「ほめる」という行為には、いくつかの表現技法が存在し、それぞれ期待できる効果が異なるのです。**

本当の優しさは「厳しさ」のなかにある

表面的に優しい人のなかには、実は他人に対してではなく、自分に対して優しい人がいます。私が担当させていただいたリーダーシップ研修の受講者のうちの1人が、次のように話していました。

「私はかつて、叱り過ぎて部下に辞められたことがあります。それ以来、部下を叱れなくなってしまいました。だから、今は叱るのは、部下のなかで中心的な存在の人間がいるので、彼に任せています」

これは部下を叱れない、典型的な事例です。部下を叱れない多くの方の心の中には、「利己意識」が存在しています。「部下に嫌われてしまったら……」「部下の機嫌を損ねてしまったら……」「部下に辞められてしまったら……」などという、自分を利する意識が存在していると、部下を叱れません。

利己意識の強い方は、逆に叱り過ぎてしまうこともよくあります。自分の思い通りにいかないストレスや、自分の負の感情のはけ口になってしまっているケースも存在します。つまり、冒頭の受講者の方は、叱り過ぎて部下に辞められたことも、部下を叱れていないことも、原因は同じ「利己意識」からきている可能性が高いのです。

部下の精神的な成長を促し、目標達成をサポートするためには、時には叱ることも必要です。**叱るコツがあるとすれば、利他意識を持つこと、**つまり「部下の成長のために！」という思いを持つことができれば、部下の成長の役に立つようなフィードバックを与えられます。

私の定義では、「叱る」というスキルも、感じたことを率直に伝える「フィードバックのスキル」の1つと位置づけています。このことについても野村克也元監督も、雑誌『Number 773号』のインタビューで、次のように話していました。

「選手たちは家庭教育の中で厳しく育てられていない。親、先生から殴られた経験なんてほとんどないでしょう。指導側が厳しくすると、選手たちは対応できなくなってしまう。元来、ホメると叱るは同意語だっていうくらいなんだけどね。愛情がなかったらホメるも叱るも出てこないんですよ」

たしかに、育ってきた環境は、昔と今では変化しているかもしれません。しかし、私は新入社員研修の現場で本気で新入社員の方々に対して叱ることがありますが、「今まで生きてきて、ここまで本気で叱ってくれる方に出会ったことがなかった。本当にありがとうございます」というような感想をいただくことがよくあります。

本当の優しさとは、「その人のために」という思い（利他意識）がスタートになります。「その人のために」という思いがあれば、必要に応じて、ほめることも叱ることもできるはずです。利己意識ではなく、「利他意識」を持つには、自分に対する「強さ」や「厳しさ」があるかどうか。つまり、**本当の優しさとは、「強さ」と「厳しさ」から生まれるのです。**

最終的には、「自分で自分を成長させられる人」へ

私は、2009年よりアメリカンフットボール日本代表チームのコーチを務めさせていただいています。代表チームでは、先述したように、多くの場合、最終的に代表メンバーとして残す人数の1・5倍くらいの選手を代表候補選手として招集します。代表での練習や試合を通して、最終的に試合に連れて行くメンバーを選考しています。この選考は、代表のコーチにとって重要な仕事の1つです。

選手の選考を意識するあまり、「この選手はどの程度のプレーができるのか？」と自分自身でよくないと感じながらも、評価的な視点ばかりで見てしまっている自分がいました。「もっとフラットな視点でプレーを見たほうが、選手のプレッシャーにもならないのでは？」と感じていました。それが原因で力を出し切れていない選手がいるように自分では思っていました。このことを、ほかのチームから代表に来ていたあるコーチに相談しま

した。

「コーチの選考のプレッシャーに負けて力を出せない選手は、どうせ世界選手権の決勝の舞台でのプレッシャーに押しつぶされるだけ。それも含めて実力だよ」

私の悩みに対して、そのコーチにサラッと言われました。「たしかにその通り」と感じたのと同時に、私自身のコーチとしての甘さに気づかされました。

今までの私は、選考のプレッシャーに負けて力を出し切れない選手を見ると、プレッシャーをあまり掛けないようにと、意識的に声掛けをしてきました。しかし、果たしてそれが、本当の意味でその選手のためになっているのか、わからなくなっていました。

日本代表として、世界のトップを目指して戦う選手に対して、私のとった行動はレベルが低過ぎるかもしれない、と気づきました。同時に、これまで自らのチームの選手が、代表の練習や大舞台で力を発揮しきれていないと感じるときが多々ありました。その原因は、私自身の甘さが作り出しているのではないか、と感じたのです。

リーダーとして、最大限のサポートをして、自分のメンバーを育成するのは絶対に必要なことだと思います。しかし、**メンバーはいつの日かリーダーのもとを離れるときが必ず**

やってきます。逆に、リーダーがメンバーの前から立ち去るときもきます。

リーダーとメンバーの関係は未来永劫《えいごう》続くものではなく、また、メンバーが本当に力を発揮しなくてはいけない場面は、リーダーの手の届かない場所であることがほとんどです。

そのような意味では、リーダーがメンバーに対して、やるべきこと。それは、**メンバーがどのような環境においても、どのようなリーダーのもとで働いたとしても、自分自身の軸がブレることなく、自分自身のパフォーマンスを最大限に発揮し、すべての機会を自分の成長へとつなげられる人へと育てる**こと。それがリーダーの責任であり、義務なのではないでしょうか。

そのためには、**メンバー自身の精神的な成長を促す**ことがすべての根底になければいけません。最終的にリーダーが目指すべきは、メンバーが仕事の成果や自分自身の成長が、周囲の環境といった外的な要因に左右されることなく、どのような状況においても、自分自身のベストなパフォーマンスを出せるようになること。そして、**自分で自分を成長させられる人**になることです。

CHAPTER 4のまとめ

リーダーになって伸び悩む人

・長所を伸ばす、あるいは短所を克服するかのどちらかしか意識していない
・組織の「やらなくてはいけないこと」とメンバーの「やりたいこと」は別のことだと考えている
・自分が教えたいタイミングで教えている
・客観的な評価を心掛けている
・「優しさ」と「甘さ」を混同している
・最終的には、自分が指示したことを完ぺきにこなすことだと思っている

リーダーになって伸びる人

・メンバーの「やってこなかったけれども、やればできること」を伸ばしている
・組織の「やらなくてはいけないこと」とメンバーの「やりたいこと」をリンクさせている
・メンバーの成長度合いに応じて、関わり方を変化させていっている
・客観的な評価など存在しないことを理解している
・時に厳しさを持ってメンバーと接している
・最終的には、メンバーを「自分自身で成長できる人」にすることだと思っている

CHAPTER

5

人は、成長のサインをいつも送っている

〜こんなときどうする?〜

絶対的な正解がない世界の答えは、「場の力」を磨くこと

私自身が人材育成の現場にいてあらためて感じるのは、やはり「人材育成は難しい」ということです。すごく当たり前の感想かもしれませんが、人材育成に携わっている多くの人も、同じようにその難しさを実感しているのではないでしょうか？

では、なぜ難しいのか？　それは、**同じように接しても、人によって物事の受け止め方が異なり、再現性が低いから**だと私は考えています。

たとえば、ふだんあまり試合に出ない選手が試合に出ることになりました。その前日に、

「チャンスだぞ、がんばれよ！」

と声を掛けたとします。その結果、どうなるか？　ある選手は意気に感じて、よい結果を出せる可能性が高くなります。一方で余計なプレッシャーを感じてしまい、自分の力を出し切れない選手もいます。また、「何を今さらチャンスだなんて。チャンスをくれるの

が遅えよ！」などと、反発する選手もいます。似たような例として、両親が双子を同じように育てても、性格（＝育てた結果）が異なることはよくあることです。

リーダー自身が同じように接しても、受け止める相手の状況、精神状態、信念や価値観などによって、相手の受け止め方は異なってきます。NLP（神経言語プログラミング）によると、「人は五感で受け取った情報を、『認知フィルター』という、信念、価値観、記憶、言語、感情というフィルターを通し、情報を歪《ゆが》めて、自分なりに解釈し直し、再言語化をしてから脳に格納する」と言われています。

リーダー自身の発した言葉は、メンバー自身の持っている「認知フィルター」によって、必ず歪曲されるので、人によって受け止め方が異なるのは当然だということです。そして、この**「認知フィルター」は時間とともに変化していく**ので、同じ人に、同じような状況に対して、同じように接しても、うまくいくケースと、うまくいかないケースが出てきます。

つまり、人材育成には絶対的な正解がなく、その場その場の状況、置かれている環境、メンバーの精神的な状態、そして自分自身の精神的な状態などによって、とるべき手法が変化します。

絶対的な正解がないからこそ、優れた人材育成者になるためには、その場その場に対応する力、いわば**「場の力」**を磨く必要があります。さまざまな人材育成の成功例や失敗例を学ぶことは、「場の力」を磨くにあたって大きな手助けとなります。このCHAPTERでは、いくつかの事例をもとにその磨き方を紹介していきます。

こんなときどうする？①
「不平不満が出たら……」

直接的・間接的問わず、リーダーであるあなた自身や組織に対して、部下が不平不満を言っているのを耳にしたとき、あなたならどうしますか？

もちろん、このケースにも絶対的な正解はありません。この問いだけでは細かい状況がわからないので何とも言えない部分もあります。しかし、この問題を解決するために、原理原則とも言える1つの手立てはある、と私は思っています。

参考までに、私が選手の不平不満を聞いたときに、どのように考えているかを紹介させてください。リーダーに対する不平不満が出たとき、私は、選手の**本音を聞けるチャンスだと考え、まず話を聴くように心掛けています。**

というのも、自分自身がコーチとして成長するヒントをもらえるチャンスがあるかもしれませんし、さらにチームをよりよいものにできるチャンスがあるかもしれません。実際に、不平不満の裏には、こういったチャンスが存在していることがよくあります。それゆえ、いつも以上に意識的に話を聴くようにしています。

とは言え、不平不満を聞くのは決して楽しいことではありません。自分自身にとって耳の痛い話をされることもあります。時にはリーダー自身の人間性を否定されているとすら感じることもあります。正直、耳をふさぎたくなることもあるでしょう。

しかし、不平不満の裏に隠されているチャンスの側面に、意図的に焦点を当てることにより、**まず相手の話をできるだけ冷静になって聞く態勢を整えられる**、という効果があります。

リーダーが批判にさらされたときの対応について、何度かご紹介した、ウォレン・ベニス氏は著書『LEADERS』のなかで、

「リーダーには批判を受け入れる度量が必要だ」としたうえで、「まず大切なのは、攻撃から逃げないこと」であり、「攻撃から逃げるのは、誠実な行為ではない」と述べています。

さらに、次のように語っています。

「攻撃は何らかの方法で、自分のなかに取り込まなければならない……受け入れるのです。受け入れるというのは、相手に『同意する』ことではありません。相手が自分を攻撃する

のを『許す』ということです」

つまり、CHAPTER3で紹介したように、「受容する」ことができなければ、話を聴くことさえ困難になります。心理学者であるカール・ロジャース博士の、「正そうとする前にわかろうとせよ」という考え方は、まさに不平不満が出たときに重要になってきます。

また、行動の裏には、「その人にとっての正当な理由」があることも忘れてはいけません。不平や不満を聞くことにより、「正当な理由」が見えてくることがよくあります。

このことについて、富士通フロンティアーズのメンタルトレーニングの講師として学ばせていただいた、株式会社サンリの臼井博文先生は、「不安を放っておくと不満に変わる」と、おっしゃっていました。

あるとき、私の担当している選手のうちの1人が、私との面談で私に対する不満をぶつけてきたことがあります。不満の内容は、「選手の起用方針が納得いかない」「なぜ自分を使わないのか？」「試合に出ている選手よりも、自分が出たほうが活躍できる。それなのに試合に出させてもらえないのは納得いかない」というものでした。

私は、そのポジションの選手全員と、試合に出る基準を明確に定め、その基準に則って試合に出場する選手を決めてきたので、最初はその不満を言っている意味がわかりませんでした。内心、「事前に話をして、みんなで合意を得た基準に基づいて試合に出る選手を決めてきたのに、何を今さらそんなことを言っているんだ？」と、説教もしたくなりました。しかし、その言葉をぐっとこらえて、選手の話に耳を傾けました。

そうしているうちに、何となく選手の心の声が聞こえてきた気がしました。

「チームが○○のことを必要としていないと、感じているのか？」

と私は質問をしました。

そうすると、その選手は、急に不満を言うのをやめ、しばしの沈黙が流れました。そして、「僕ってチームに必要ですか？」と、聞き返してきたのです。

それこそ、**本音が出た瞬間**であり、**正当な理由がわかった瞬間**でした。そこで私は、チームに貢献してくれていると感じていることや、チームとして期待していることを伝えました。

この面談以降、この選手の行動に徐々に変化が見られ始めました。まず、コーチングスタッフに対する不平不満が少しずつ減っていきました。そして、同じポジションの年下のレギュラー選手、つまり自分が試合に出られない直接の原因となっているライバルと一緒に練習をし、アドバイスをする姿を頻繁に見掛けるようになりました。

だからと言って、この選手のゲームへの出場機会が増えたわけではありません。しかし、私に不満をぶつけてきた面談から数年経った今でも、チームに貢献してくれる貴重な選手となっています。

このように、**メンバーの抱えている不平や不満を聞いていくと、その根本は不安から発生していることが多い**ように感じています。本来であれば、不安を抱えている段階で、リーダーからメンバーに不安を解消するようなアプローチをすべきだと思います。しかし、そうは言ってもすべての不安を把握することはできないので、不満が表面化してしまったら、私は真摯《しんし》に耳を傾けるように心掛けています。

こんなときどうする？②
「指示を受け容れてくれない……」

先日、ある化粧品メーカーの営業部長の方々に対してリーダーシップ研修をさせていただいているときに、休憩中にある方が、こんなことをおっしゃっていました。

「私の部署に配属された新人なんですが、全然営業に出て行かないのです。時にはおだてたり、時には叱ったりとアメとムチを使い分けているつもりなんですが、全然効果がありません。このようなときはどうしたらよいでしょうか？」

みなさんならどうしますか？

私はその部長に、こう質問しました。

「その方が営業に出て行かない理由はなんですか？」

そうすると部長は、

「プロ意識が足りないんだと思います。新人とは言え、給料をもらっているのであれば、それに見合った働きをしてもらわないと困るんだが」

と、おっしゃっていました。それに対して私は、次のようにアドバイスをしました。

「たしかにプロ意識は足りないのでしょうね。では、営業に出て行かない具体的な理由をその方に直接、聞いてみてはどうでしょうか？」

そして、「営業に出て行かない理由」を聞くにあたって気をつけるポイントもお伝えしました。「営業に出ていないことに対して責める気持ちを持たないこと」「できるだけフラットに素朴な疑問をぶつけるようにすること」。そのために、**「『なぜ？』という言葉の使い方に気をつけたほうがよいこと」**を。

「なぜ、営業に行かない？」というように、「なぜ？」という言葉が文頭にくると、相手は責められている印象を受けがちです。そして、責められていると感じると、防衛本能を働かせ、反発をするか、建前を言うか、いずれにしても本当の理由を聞き出せる可能性が低くなってしまいます。

ある調査によると、些細な夫婦喧嘩は「なぜ？」という言葉から始まることが多いようです。

「なぜ、夜になったのにカーテン閉めないの？」

「なぜ、便座を下げないの？」

などと、奥様にお叱りを受けている、旦那さまも多いのではないでしょうか。

「なぜ？」という言葉には、「あなたは間違っている」という、相手を責めるニュアンスを含んでしまうことが多くあります。極力使うことを避けたほうが無難だと思います。

どうしても「なぜ？」という言葉を使いたいのであれば、「夜になったのにカーテンを閉めないのはなんでなの？」というように、文末に「なぜ」を持ってきて、かつ口調を少し柔らかくすると責められている印象がやわらぎます。

ＣＨＡＰＴＥＲ３で紹介したように、私も営業に行かなくて上司から怒られたことがあります。そのとき、私も「なぜ営業に行っていない？」と聞かれ、責められている印象を受け、本音を話せなかった経験があります。

これが「最近、営業に行っていないようだが、何か困っていることでもあるのか？」というような感じで聞いてもらえれば、未熟だった当時の私でも、素直に本音を吐露できたかもしれません。

後日、人事の方からお聞きしたのですが、さきほどの化粧品メーカーの部長は、研修から戻ってすぐに、部下の方と面談をして、営業に出て行かない理由を聞いてみたそうです。そうすると、最初はなかなか本音を言ってもらえなかったようですが、最終的には、「商品知識が少なくて、お客さんの前に出る自信がない」「一度、お客さんに怒られたことがあり、それ以来トラウマになり、お客さんの前に出るのが恐くなってしまった」

このように自分にとっての正当な理由を打ち明けたそうです。

そこで、その部長は、「それなら、しばらくの間一緒に営業に行こう。わからないことはフォローするし、怒られるときは代わりに俺が怒られてあげるから」と、部下の方に伝え、一緒に営業に出掛けるようになったそうです。

このようなケースでは、まず「受容」していないと敵対関係になりかねません。**敵対関係になってしまうと、その人にとっての正当な理由を聞き出すチャンスは失われます。**「受容」するスタンスがあるからこそ、その人にとっての「正当な理由」を知り、成長をサポートするヒントを手にすることができるのです。

こんなときどうする？③
「我流で身につけたやり方に固執する……」

ある研修会社が主催し、私が講師を務めさせていただいた人事担当者向けのセミナーの参加者から、セミナー後に次のような質問をいただきました。

「成果が思うように出せていないにもかかわらず、自分が身につけたやり方に固執して、新しいやり方を取り入れてくれない人がいるのですが、どうしたらよいですか？」

話を詳しく聞いていくと、その人は50歳前後の営業職の方で、昔からやっている自分の慣れ親しんだやり方にこだわり、いくら指導しても現在求められている新しいやり方を取り入れようとせず、私に質問してくださった参加者の方はお困りの様子でした。

そこで私は、ちょうどそのセミナーのテーマとして取り上げた、「その人にとっての正当な理由ってなんですか？」とまずお聞きしました。「正当な理由」を知ることが、その人に対する関わり方のヒントになることは先述した通りです。

もう1つ別の考え方として、これまでにも触れてきましたが、人に何かを教えるときに、教える側は、**「そもそも人は変化を嫌うということ」**を知っておく必要があるのです。

「ホメオスタシス」という言葉を聞いたことがあるでしょうか？　生物の恒常性を保つ機能のことで、人の心にもホメオスタシスがあると言われています。つまり、多くの人は現状維持を望む傾向があるということです。

なぜ、現状維持を好むのか？　それは「今、生きていられるから」です。大昔、人が洞穴で生活していた頃、生活の場所を変えることは、今よりもよくなる可能性はありますが、同時に今よりも悪くなる可能性もありました。悪くなる可能性とは、移動中に獣に襲われたり、食料が確保できなくなったりする可能性、つまり変化は死を意味する可能性があったのです。種の保存機能として、「今、生きていられるなら変化せず、生命の危機を感じたら変化をする」というプログラムが人の本能にインプットされているのではないでしょうか。

これは、かなり人間の本能的な話になりますが、人は変化を嫌うゆえに、新しいことを教えても、慣れ親しんだやり方に固執するのはある意味、当たり前とも言えます。

では、教える側はどうすればよいのでしょうか？

1つは**「つべこべ言わず、やらせる」**ことです。絶対に成果が出せるとリーダー自身が確信を持つことができているケースでは、まずはやらせて、成功体験を積ませることによって、その後の行動が変化する可能性があります。

「やらせ方」にはさまざまあり、強制的にやらせるケースもあれば、しっかりと話し合い、双方の合意を得るやり方もあります。周囲に迷惑が掛かっていたり、悪影響を与えていたりして、緊急性が高い場合は、「どうやらせるか?」はケース・バイ・ケースですが、「つべこべ言わずやらせる」必要があると私は考えます。いずれにしても、最初に「正当な理由を知る」ことからになります。

もう1つは、CHAPTER4でお伝えしたように、「人は、ノドが渇かないと水を欲しない」ということです。本人が気づいていない、現状と未来のギャップにフォーカスさせることも有効です。**まずは、壁にブツかるまでやりたいようにさせる。**つまり「ノドを渇かすアプローチ」をすることです。緊急性が高くないのであれば、こちらのやり方もよいと思います。そもそも、**その人自身が必要だと思っていない状態では、何を教えてもあまり意味がありません。**ある程度、自分自身が限界を感じ、変化の必要性を実感するまでは、自分のやり方で思うようにやらせることも1つのやり方です。

こんなときどうする？④「何度同じことを言っても同じミスをする……」

「何度も同じことを言っているのに、同じミスをする部下がいます。どうしたらいいですか？」

このような質問を、研修の受講者の方からいただいたことがあります。もう少し具体的に言うと、営業会議で使うための資料として、１週間分の営業実績と翌週の見込みを各営業担当からとりまとめる仕事をアシスタントの方にお願いをしているらしいのですが、毎回数字のミスや案件の漏れが発生するとのことでした。

この資料は、上司も出席する営業会議で使用する大変重要な資料なので、ミスは許されず、毎回「絶対にミスのないように！」と言っているのですが、ミスがなくならないようでした。

みなさんならどう考えますか？　私の回答は、次のようなものでした。

「何度も同じことを言っているから、同じミスをさせてしまっているのではないでしょうか？」

大切なことは、リーダーに求められる考え方の1つである**「自己責任」の立場に立つこと**です。「自己責任」の立場に立ち、「自分が同じミスを繰り返させてしまっている」と考えることができれば、部下への関わり方を変化させることができるようになります。

具体的に言うと、**ミスが発生しているプロセスや、そしてミスが発生したときにどのように対処してきたかなどを振り返り、原因を推察します。**そして、その原因を潰すために、上司としての**自らの言動を変化させます。**

自分の伝えたい内容が、意図通りに相手に伝わっていないことがよくあるので、**伝え方を工夫したり、どう理解しているのかを聞いて確認したり、実際に一緒に作業をして手本を見せることが効果的です。**

ミスが発覚した時点で、それを指摘せずに、上司自ら修正をしてしまっているのであれば、しっかりとミスについて指摘をする必要があるかもしれません。そして、「アシスタントのミスがなくなる」という、望むべき結果を導き出すまで、必要に応じて、上司自らの言動を変化させ続けるのです。

冒頭にご質問をいただいた受講者の方は、現場に戻り、アシスタントの方とじっくりと話し合われたそうです。実際に発生しているミスを整理して伝え、そのミスが起こっている原因と対策をアシスタントの方に自ら考えてもらい、それを実行してもらったところ、ミスがなくなった、とのことでした。

このように、相手のせいにするのではなく、自己責任の立場に立ち、ミスがなくならない原因を追求し、その原因を潰すべく自らの振る舞いを変化させましょう。

こんなときどうする？⑤
「とにかくやる気がない……」

以前、私が担当していた選手で、とにかくやる気のない選手がいました。おだてても、叱っても、うまくはぐらかされ、まさに「のれんに腕押し」という状態でした。

しかし、彼にはアメリカンフットボールの選手としての大きな可能性を感じていた私は、どうにかして彼にアメリカンフットボールに対して真剣に向き合ってほしいと考えていました。

どうすれば彼がアメリカンフットボールと真剣に向き合ってくれるようになるか、四六時中考え、それを実践しました。２人で膝を突き合わせて、「チームを強くするために、おまえの力が必要だ」と伝えたり、やる気のないプレーをしたときに叱咤激励をしたりと、関わり方を変化させていきましたが、まったく効果がありませんでした。

困り果てた私は、彼にこう聞きました。

「俺がどうしたら、おまえはやる気を出してくれるんだ？」

「いや、どうやっても無理ですよ」と、はぐらかされました（これは、後からわかったことですが、正確にははぐらかされたと思っていました）。

しかし、その数日後から、彼の態度が一変しました。練習時間ギリギリに来て、練習が終わったらすぐに帰っていたのが、まず、練習に来る時間が早くなりました。

そして、ミーティングにも練習にも真剣に取り組むようになり、日常生活では食生活にも気を配るようになりました。それにともないパフォーマンスも上がり、オールスターにも選ばれる選手になり、海外のプロリーグにも参戦するなど、名実ともにチームの中心選手となりました。

数年後、彼に、なぜ取り組みを急に変えたのかを聞きました。すると彼は、次のように答えてくれました。

「自分って格好悪いなって思ったんです。仕事でもアメフトでも、自分は周囲に迷惑を掛けずにそれなりにやってきたし、やれる人間だと思っていました。でもノブさんに、さんざんアプローチしてもらったあげ句に、『俺がどうしたら、やる気を出してくれる？』とまで言わせてしまって、格好悪いなって思ったんです」

私が何か意図して投げ掛けた質問ではありませんでした。さんざん考え、試行錯誤をし、自分の力ではどうしようもなくなって、困り果てたあげ句に出てきた質問でした。

人は「快感」「危機感」「価値感」を感じたときに行動を変化させると、お伝えしましたが、彼の場合は、「自分として、ありたい姿」、つまり彼自身の価値観と、現実の姿のギャップに自ら気づいたことにより、劇的な行動変容が起こったと考えられます。

この経験を通して私が今感じているのは、どのような相手、場面でも相手のためにという思いである「利他意識」を持ち、「自己責任」の立場に立ちながら試行錯誤を繰り返すことの重要性です。

私がこのようなスタンスに立たずに、恣意《しい》的に同じような質問を投げ掛けたとしても、同じような結果を引き出せたとは思えません。**同じように関わったとしても、スタンスによって結果が異なる**、ということをリーダーは常に忘れてはなりません。

こんなときどうする？⑥「全然、成長してくれない……」

周囲の人が懸命にサポートしているにもかかわらず、まったく成長が見られないメンバーはいますか？　そんな人が自分のメンバーになったら、あなたはリーダーとしてどうしますか？

このことに関して、私は忘れられない大失敗をしてしまったことがあります。大学時代に大活躍をした選手が社会人になり、私がコーチとして担当することになりました。仮にE選手とします。

彼は、非常に優秀な選手であり、私も大きな期待を寄せていましたが、思うような成果を残せずに、数年が経ちました。思うような成果を残せないことに対して、私は「彼は学生レベルでは通用したかもしれないが、社会人向きではないのかもしれない」と、無意識の内に思ってしまっていました。

そんなあるとき、チーム内の担当変更があり、E選手の担当コーチが、私から別の若手のコーチに変わりました。その年、E選手は急成長を遂げ、レギュラーを獲得しただけでなく、日本代表にも呼ばれるような選手へと成長していきました。

そのE選手の成長していく姿を見て、私は大いに反省をしました。リーダーに求められる考え方の1つである**「可能性を信じた最大の支援者」**になれていなかった、自分に気がつきました。いや、それどころか、「可能性を信じられない、最悪の評価者」になってしまっていたのです。

そんな偏見を持ってしまったコーチが、選手の可能性を引き出せるはずがありません。実際、E選手の担当となった若手のコーチは、「E選手は、絶対にすごい選手になれると思うんです」と、よく公言していました。

ジョゼ・モウリーニョ氏は雑誌『Number 763号』のなかで、「これまでに率いた中では、どのチームが理想と言えるか?」という質問に対して「私は常に、その時に率いるクラブがベストだと信じている」と答えています。彼のこの言葉から、自分が担当するチームや選手に対する「可能性を信じる」というスタンスを垣間見ることができます。

これらのことは、**育成者のその人の見る目によって、その人が成長できるかどうか大き**

な影響を与えるということを示唆しているのと思います。また、育成者は、**人の成長するタイミングがそれぞれ異なる**、ということも知っておく必要があります。

「成長とは、習慣を変えること」であると私は考えています。人間が生まれてから最初に習慣を変えること、それはオムツを外してトイレに行けるようになることだと思います。

たとえば、約8割の人が、オムツを外そうとしてから、1年以内にトイレに1人で行けるようになる、というデータがあります。しかし、そこには大きなバラツキがあり、約1割は1カ月も経たないうちに1人でトイレに行けるようになったのに対し、2年経ってもオムツを外すことができない人がわずかながらいるようです。

これらのデータは、まさに人には成長するタイミングがそれぞれあることを教えてくれます。人の成長するタイミングが人によって異なることを知っていれば、育成者は成長を我慢強く待つことができるようになるはずです。

もちろん、可能性を信じた最大の支援者に徹することができても、思うように成長してくれないメンバーもいると思います。しかし、リーダーが可能性を信じられなくなった時点で、メンバーの成長の可能性も狭めてしまうのです。**可能性を信じることは、リーダーにとって、何よりも大切な仕事と言える**かもしれません。

「場の力」は4つのプロセスを回すことで自分のモノになる

「場の力」を磨くための一番の方法は、**場数を踏み、試行錯誤を繰り返すこと以外にない、**と私は考えています。試行錯誤ということについて、ケースウエスタンリザーブ大学の組織行動学者デービッド・コルブ氏の「経験学習モデル理論」が、もう少し詳しく説明してくれています。同氏によると、人が経験から学ぶためには、次の4つのプロセスがあるそうです。

①具体的な経験（やってみて）
②内省と振り返り（気づいて）
③理論化・体系化（考えて）
④積極的な実践（もう一度やってみる）

これをサイクルとして回すことにより、経験から学習することができるという考え方です。絶対的な正解のない世界では、このように試行錯誤を繰り返し、人材育成を自らの感覚として身につける必要があります。

一方で、**絶対的な正解のない世界だからこそ、基本が大切**だとも考えています。基本があるからこそ応用（場の力）することが可能となります。また、基本がしっかりしているからこそ、うまくいかなかったときに戻って来れる場所となります。戻って来れる場所があれば、修正が早く利きます。

だからこそ、場の力を磨くための根っこの部分となり、人材育成における基本とは、「スタンス」だと私は考えています。リーダーに降り掛かってくることはケース・バイ・ケースです。しかし、スタンスは普遍です。

多くのリーダーは時間がない状況にあると思います。しかし、自分の価値観である「自分憲章」に沿った言動がふだんからできているかどうか？　もっと今の自分に合った「自分憲章」がないか？　振り返る時間をとることが、一見すると遠回りのようで近道となるのです。

これは、いわば『7つの習慣』（スティーブン・R・コヴィー著／キング・ベアー出版）

の第七の習慣である、「刃を研ぐ時間をとる習慣」の「自分自身という最も大切な資源を維持すること」「螺旋《らせん》状の上向きの成長、変化、常なる改善の良い循環をつくり出すこと」とも言えます。

つまり、**自分の特性を活かしたスタンスを確立する**こと。**そのスタンスを土台として人材育成に真剣に向き合い、現場で試行錯誤を繰り返す**こと。そして、**定期的に自分自身を振り返る**こと、これがリーダーとして成長するためには、必要不可欠です。

リーダーにとって最後に必要なのは「勝負する瞬間」

人材育成のスキルには、大きく「**母性**」と「**父性**」の2種類がある、と私は考えています。「母性のスキル」は、**話を聴くことやよい点をフィードバックすること**です。それに対して、父性のスキルは、**叱ることを中心とした、厳しいフィードバックをすること**です。

「ほめるべきか？　叱るべきか？」。これはリーダーとしてはある意味、永遠のテーマと言えるかもしれませんが、人を成長させるためには、母性と父性のスキルをうまく使い分ける必要があります。

主に母性のリーダーシップは、自分に自信が持てないメンバーや、精神的に未熟なメンバー、そして、リーダーとメンバーの関係性が脆弱《ぜいじゃく》な状況であったりするときに効果的です。自分に自信のないメンバーは、ほめられることにより、他人からの自信を一時的に得ることができます。そうすることにより、気持ちを前向きにさせることができ、ポジティブなアクションをとるようになっていくことがよくあります。

逆に自信がない人や、精神的な成熟度の低い人に対して、父性のスキルの代表である叱ることは大変難しいでしょう。叱られるということは、自分のよくないことと無理矢理向き合わされる行為です。自分の弱さと向き合う強さを持っていない人を叱ると、落ち込み過ぎるか、反発を招く危険性が往々にしてあります。

もちろん、時と場合によっては、このリスクをあえてとらなくてはならないケースも出てくると思いますが、基本的には、母性のスキルで関わったほうがうまくいくことが多いでしょう。なぜなら、母性のスキルは、リーダーとメンバーの関係性を構築することにもつながるからです。母性のスキルは、ソフトな関わり方になるので、お互いにある意味、楽な状況を作り出せます。

しかし、このような関わり方だけではメンバーの成長をサポートし、組織の成果を最大化するためには限界があるとも感じています。**本当の意味で成長を促進するためには、父性のスキルで関わることが必要になる場合もあります。**

私がかつて担当していた選手で、精神的に未熟で、わがままな選手がいました。選手としてのポテンシャルは非常に高く、コーチとして高い期待を寄せていたのですが、精神的な未熟さがボトルネックとなり、思うようなパフォーマンスが出せないでいました。しかも、彼は私に対して不満があり、陰で文句を言っているらしく、私と彼の関係性は最悪の状態でした。

しかし、彼は、チームに対して大きな影響力を持っていました。メンバーのなかには、ほかのメンバーに対して影響力を大きく与えることのできるキーパーソンが存在しています。そのキーパーソンを見極めるのは、チームを作っていくうえでは大変重要なことです。

そこで、チームを変えるためには、彼の力が必要不可欠であると私は考え、意を決して彼と面談をすることにしました。

面談の場に現われた彼は、明らかに私と会話することを嫌がっていました。私と目を合わせようとせず、身体も横を向けてそっぽを向いていました。その場には、重苦しい空気が漂っていました。

私は開口一番、「おまえは自分に甘過ぎる！」とストレートに伝えました。

今、振り返って、この状況を客観的に分析すると、私と彼の関係性ができていない状態で、父性のスキルで関わることは非常にリスキーであったと思います。しかし、当時の私は、

「チームを強くしたい、そのために彼の力が必要なんだ！」という強い思いがありました。「おまえは勝ちたくないのか？　俺は勝ちたい。だから今日ここに来た。勝つためにはチームの甘えを払拭する必要がある。そのためには、まずおまえ自身が自分に厳しくする必要があると思う」

すると彼は、ハッとした表情を見せた後、しばらく黙りこくりました。何か自分のなかで葛藤している印象を受けました。その葛藤を邪魔しないようにと、私も沈黙を守りました。

おそらく、その沈黙は時間にすると十数秒だったと思いますが、私にはとてつもなく長い時間に感じました。「私の真意が伝わっただろうか？」「しっかりと向き合ってくれるだろうか？」という不安な気持ちと同時に、「彼なら大丈夫、わかってくれるはず」という思いが交錯していました。

そして、彼はしぼり出すように言いました。

「僕ってやっぱり自分に甘いですか……」

おそらく本人にもその自覚がありながら、何となく目を背けてきた部分だったのかと感じました。周囲の人間も、彼に遠慮して、その部分を伝えてこなかったのかもしれません。

さきほどの十数秒の沈黙で、その目を背けていた自分と向き合う覚悟を決めたようでした。そこから彼の行動が劇的に変化しました。まず練習に対して真面目に取り組むようになりました。それまで手を抜いていた、ランニングプログラムやウェイトトレーニングにも必死で取り組み、自らを追い込み、自分の力を高めようと必死になっている姿が見られました。

それだけではなく、練習で手を抜いている選手に対しても、厳しく指摘をするようになりました。数年後、彼はチームの中心選手となり、チームにいなくてはならない存在へと成長していきました。

今、振り返ると、彼は自分自身に対して強い自信を持っていたので、自分の弱さと向き合う強さを兼ね備えていたのでしょう。

人の成長をサポートするためには、時には勝負をしなくてはいけないタイミングがあると考えています。ただし、勝負をすると言っても、大切なのはもちろんリーダーのスタンスです。「彼の成長のために、チームの勝利のために」という思いから発した言葉だからこそ彼に伝わったのだと思います。たとえば、陰で私の文句を言っている彼を「こらしめてやろう」というような思いを持っていたとしたら、同じ言葉を発しても、結果はまったく違うものになっていたと感じています。

そして、勝負というからには、うまくいくときもあれば、うまくいかないときもあります。私も勝負をした結果、関係性を悪化させてしまった選手が何人かいます。もちろん、そうはならないことにこしたことはありませんが、結局はどのリスクをとるかということだと思います。

関係性が悪化するのを恐れて、勝負に出ないことにより、「チームとしての成果を最大化できない可能性というリスク」をとるのか？

もしくは、チームとしての成果を最大化するために、勝負に出て、その結果、「関係性が悪化してしまうかもしれないというリスク」をとるのか？

もちろん、ここにも絶対的な正解はありません。結果、得られるリターンの重要性やリスクの大きさ、そして可能性の高さを総合的に判断しながら、場面場面に応じて、リーダーがとるべき言動を選択する必要がある、としか言えないのかもしれません。

しかし、そこにリーダーの「スタンス」と「場の力」があることによって、何らかのプラスの変化は必ず起こるはずです。

CHAPTER5のまとめ

リーダーになって伸び悩む人

・人を育てるための絶対的な正解を持っている
・不平や不満が出たら、正そうとしている
・指示を受け容れてくれない場合、まず理由を問い詰める
・メンバーの可能性を評価している
・メンバーとの関係性が悪化してしまうかもしれないために、リスクをとって勝負しない

リーダーになって伸びる人

・同じように接しても、人によって物事の受け止め方が異なることを理解している
・不平不満が出たら、チャンスだととらえている
・指示を受け容れてくれない場合、まず正当な理由を探す
・メンバーの可能性を引き出している
・チームとしての成果を最大化するために、時にリスクをとって勝負する

おわりに

リーダーという仕事は、メンバーの人生に少なからず影響を与える部分があり、意義深く、大変尊い仕事です。しかし、だからこそ、悩みの種が尽きず、精神的にもタフさを求められる仕事です。

私もまさにリーダーとして、精神的に「きつい」「つらい」と感じることがよくあります。私はそんなとき、リーダーにとって悩みは**「神様の宿題」**だと考えるようにしています。

「神様の宿題」とは、**その悩みを解決できる人のみに神様は課題を示し、その課題をクリアすることによって、リーダーとしてより大きく成長できる**、そんなチャンスを神様が与えてくれている、という考え方です。そして今まさに、私は神様から与えてもらった課題に取り組んでいる真っ最中です。

リーダーの人生を筋力トレーニングにたとえるのであれば、楽な重さでトレーニングをしても力はつきません。「きつい」と感じる重さでトレーニングをすることにより、筋力はついていきます。つまり、**厳しいときこそ、実は成長するチャンスであり、実は「きつい」**

と感じたときには、すでにもう少しでその苦しさを抜けられるところまできているのです。

しかし、リーダーとしての人生に、ゴールはありません。今抱えている課題を突き抜けたとしても、少し時間が経つとさらにレベルの高い「神様の宿題」が提示されます。

そして、その課題をクリアできたとしても、もちろんその先にも「神様の宿題」は待ち構えています。つまり、リーダーとして上を目指せば目指すほど、実は同時に「伸び悩み」を感じるものなのです。

この本をお読みいただいた方のなかには、今まさに「神様の宿題」に取り組んでいる方もいらっしゃると思います。「神様の宿題」は、そこから逃げなければ、必ずクリアできます。クリアすることにより、リーダーとして大きく成長を遂げることができます。そして、リーダーの成長は、メンバーの幸せに直結します。

メンバーの幸せに貢献できるリーダーが増えること、この本が微力ながらもそんな社会を作る1つのきっかけとなることができれば幸いです。

2012年3月

延原典和

延原典和（のぶはら　のりかず）

アメリカンフットボール日本代表チーム・コーチ、富士通フロンティアーズ・コーチ。株式会社Office KOCS代表取締役。1974年生まれ、神奈川県横浜市出身。法政大学第二高等学校でアメリカンフットボールと出合う。法政大学進学後、母校のアメリカンフットボール部のコーチに就任する。1997年大学卒業後、カルチュア・コンビニエンス・クラブ（CCC）株式会社に入社。アメリカンフットボールの世界からいったん身を引くも、2000年に法政大学アメリカンフットボール部のコーチに就任。大学での選手経験がないコーチとして異色の存在でありながら、28年ぶりの甲子園ボウル優勝に貢献する。2002年にCCC退社後、IBMビッグブルーのコーチに就任、2006年に富士通フロンティアーズに移籍。2007年に株式会社Office KOCSを設立し、研修講師としての活動を本格化。アメリカンフットボールのコーチとして、日々現場に立ちながら、大手上場企業からベンチャー企業まで幅広いフィールドで、実践型の研修を中心に年間約80回実施している。2009年よりアメリカンフットボール日本代表チームのコーチに就任。

リーダーになって伸《の》びる人《ひと》、伸《の》び悩《なや》む人《ひと》

2012年３月20日　初版発行

著　者　延原典和

発行者　杉本淳一

発行所　株式会社 日本実業出版社　東京都文京区本郷３－２－12 〒113-0033
大阪市北区西天満６－８－１ 〒530-0047

編集部 ☎03－3814－5651
営業部 ☎03－3814－5161　振　替　00170－1－25349
http://www.njg.co.jp/

印刷／厚徳社　製本／若林製本

この本の内容についてのお問合せは、書面かFAX（03－3818－2723）にてお願い致します。
落丁・乱丁本は、送料小社負担にて、お取り替え致します。

ISBN 978-4-534-04935-3　Printed in JAPAN

日本実業出版社の本

下記の価格は消費税（5%）を含む金額です。

じゃ、やってみれば
“感動という商品”を創り続ける男の言葉36

阿部秀司 著
定価 1575円（税込）

『ALWAYS　三丁目の夕日』をはじめ映画プロデューサーとして数々のヒットを生み出した、日本を代表する映像制作会社「ＲＯＢＯＴ」の創業者が語る「クリエイティブとビジネスの最大公約数の求め方」。「正解」はないが、限りなく近づけることはできる！

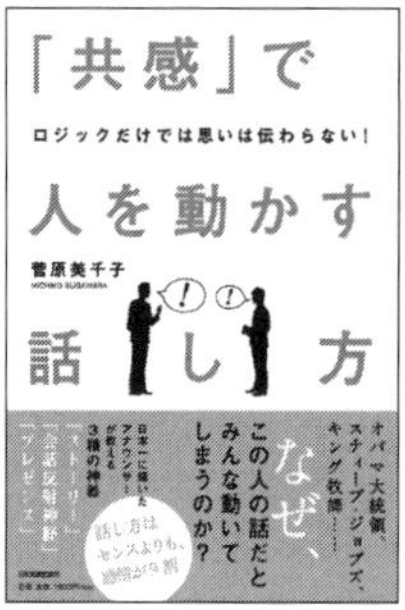

ロジックだけでは思いは伝わらない！
「共感」で人を動かす話し方

菅原美千子 著
定価 1470円（税込）

正しいことを言っているのに、なぜ思いは伝わらないのか？　「共感」で人を動かす方法として、「心を動かすストーリーの作り方」「会話反射神経の磨き方」などをはじめ、実践的な話す技術をわかりやすく解説します。

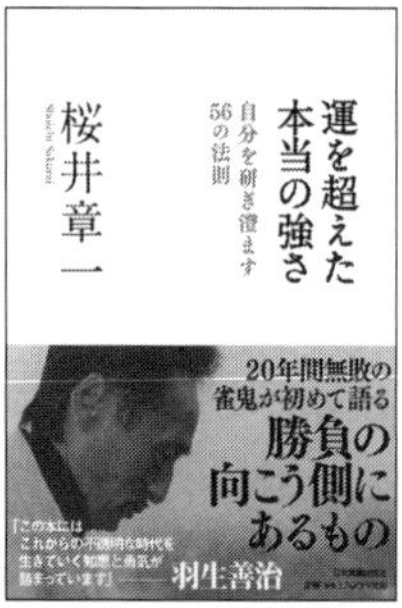

運を超えた 本当の強さ
自分を研ぎ澄ます56の法則

桜井章一 著
定価 1365円（税込）

20年間無敗の雀鬼が初めて語る、「強く柔らかい生き方」。インタビュアーには羽生善治氏が登場。「運」「身体」「感覚」「勝負」「生き方」を切り口にした56の法則には、仕事や人生でも活かせるヒントが満載です。

定価変更の場合はご了承ください。